丛书编委会

大家精要

胡适

邓丽兰 著

陕西师范大学出版总社

图书代号 SK16N0267

图书在版编目（CIP）数据

胡适／邓丽兰著. —西安：陕西师范大学出版总社
有限公司，2017.1（2024.1重印）
　　（大家精要）
　　ISBN 978-7-5613-8730-6

　　Ⅰ.①胡… Ⅱ.①邓… Ⅲ.①胡适（1891—1962）—
传记 Ⅳ.①K825.4

中国版本图书馆CIP数据核字（2016）第272670号

胡　适　HU SHI

邓丽兰 著

责任编辑	王西莹　彭　燕	
责任校对	王淑燕	
封面设计	张潇伊	
出版发行	陕西师范大学出版总社	
	（西安市长安南路199号　邮编710062）	
网　　址	http://www.snupg.com	
印　　制	永清县晔盛亚胶印有限公司	
开　　本	650 mm×930 mm　1/16	
印　　张	10	
字　　数	100千	
版　　次	2017年1月第1版	
印　　次	2024年1月第2次印刷	
书　　号	ISBN 978-7-5613-8730-6	
定　　价	45.00元	

读者购书、书店添货或发现印刷装订问题，请与本公司销售部联系、调换。

电话：（029）85303879　传真：（029）85307864　85303629

目 录

第 1 章

胡适的生平与事业

　　作为一个时代一代学人的典范，胡适是一个无法从近代中华文化的历史记忆中抹去的名字。不论褒他为"国人导师"者，还是贬之为"文化买办"者，很少有人能否认胡适在 20 世纪中国思想文化史上的地位。胡适是怎样一个人？胡适如何影响了近代中国的政治、学术、文化？这是本书要向亲爱的读者交代的内容。

一、早年胡适

　　胡适，原名嗣穈，学名洪骍，字希疆，后改名胡适，字适之，笔名天风、藏晖等，安徽绩溪上庄村人。1891 年 12 月 17 日生于上海，后随母去台湾，四岁返绩溪老家，接受私塾教育。后又去上海读书，接受新学教育。

家世与童年

　　绩溪古属安徽徽州府。徽州地区以山地为主，因黄山之秀而闻名遐迩。徽州还出过不少名学者，如宋代的朱熹、清代的戴震。徽州人还有经商的传统，胡适一家世代乡居，祖上也一直有人在上海经商。

胡适生活在一个传统的大家庭中。父亲名叫胡传，字铁花，号钝夫，是清朝的贡生，曾官至淞沪厘卡总巡、台东直隶州知州。虽然父亲在胡适年幼的时候就去世了，却对他产生了深刻的影响。胡适识字早，而他念的第一部书就是父亲专门为他编的《学为人诗》，讲做人的道理，父亲还亲笔抄写给他。诗的开头是：

> 为人之道，在率其性。
>
> 子臣弟友，循理之正。
>
> 谨乎庸言，勉乎庸行。
>
> 以学为人，以期作圣。

胡适的母亲冯顺弟，17 岁嫁与比她年长 30 岁的胡传，做第三任填房，23 岁即守寡。胡母以寡妇身份支撑家庭，含辛茹苦操劳，兼任慈母、恩师的角色，把光宗耀祖的希望寄托在唯一的儿子身上。一般家长每年只送两块银圆给教书先生。母亲为了让老师多辅导自己的儿子，给老师的薪水比其他家长高许多。从第一年送六块钱，直到最后涨到十二元。就这样，胡适自幼处于被严加管教且被寄予厚望的环境中。

在胡适的心目中，母亲是仁慈、温和的，也是刚性而自尊的。慈爱的母亲对胡适也是严格的。一个初秋的傍晚，胡适只穿着一件单背心在家门口玩，他的姨妈怕他冷了，拿了一件外衣说："穿上吧，凉了。"小胡适不肯穿，还随口回答："娘（凉）什么！老子都不老子呀。"母亲听见这句轻薄的话，待晚上人静后，重重责罚了他。母亲说："你没了老子，是多么得意的事！好用来说嘴！"

胡适自幼身体很弱，不能跟一般孩子一样嬉戏游玩，他母亲也不许他和那些"乡野顽童"一道乱跑乱跳。故不论走到哪儿，胡适总是一副文绉绉的斯文样，家乡老辈都说他"像个先生样子"。

胡适除了读书外很少有别的爱好，幼时即熟读四书五经，十来岁便读了《三国演义》《水浒传》《红楼梦》，十二三岁便能对本家兄弟姐妹们讲说古书上的故事了。他用不着像给人讲故事的五叔那样让人装烟捶背，但享受泡炒米、蛋炒饭的待遇是免不了的。而这些白话小说的阅读，无形中使他得到了白话写作的训练。

上海读书

1904 年，胡适到上海，先后在梅溪学堂、澄衷学堂、中国公学、中国新公学接受"新学"教育。

1904 年 2 月至 1905 年春，胡适在梅溪学堂念书，一年之内升了四班。

1905 年春至 1906 年夏，胡适在澄衷学堂度过了一年半的时光，打下了较好的英文和数学的底子。澄衷学堂严于管理，考试严格，胡适考试成绩常名列第一。也是在这里，胡适开始了他接触新思想的过程。

1906 年夏，胡适转入中国公学。这是一所新成立的学校，由一批归国留日学生在上海创办。当时，日本政府文部省颁布"取缔清国留学生规则"，数千学生罢课抗议归国，创办了中国公学。因学校的特殊背景，学生中有不少激烈的革命党人，关心时政的风气也很浓厚。学校社团活动十分活跃，其中，竞业学会创办了一种白话的旬报，叫《竞业旬报》。杂志的创办者们立足于改良社会，启发民智，因此使用白话文撰稿。胡适参与了这份杂志的编辑，发表了十多万字的文章，有论说、杂记、常识、诗词、小说、时评与时闻等等。

胡适生平发表的第一篇白话文章，便是《竞业旬报》第一期的《地理学》，介绍粗浅的地理常识。胡适一生唯一一次长篇小说创作的尝试——章回体小说《真如岛》，也是在《竞业旬报》上连载的。胡适还撰文鼓吹振兴教育，兴办女学。《姚烈士传略》讴歌了一位为教育事业献身的烈士。中国公学干事姚洪业，因公学经济陷于绝境，激于义愤而投江自尽，遗书称："我之死，为中国公学死也。"胡适盛赞他是极可爱极可敬极有血性责任心的人。《敬告中国的女子》则呼吁中国女子不缠足，要读书。

主编《竞业旬报》对于胡适有不小的影响。胡适回顾这段历史时，谈到这段编辑生涯对于自己倡导文学革命的前后继承关系："这几十期的《竞业旬报》，不但给了我一个发表思想和整理思想的机会，还给了我一年多作白话文的训练……我不知道我那几十篇文字在当时有什么影响，但我知道这一年多的训练给了我自己绝大的好处。白话文从此成了我的一种工具。七八年之后，这件工具使我能够在中国文学革命的运动里做一个开路的工人。"

1908 年，中国公学因为学校章程闹学潮，部分学生退学另组织中国新公学，胡适这个 17 岁的少年，竟然成了学校的英文教师。只不过因为是学生兼任的，工资部分地拖欠着。到 1909 年底，新公学解散，被老公学收回。少年人的理想主义被打击后，胡适跟着浪漫朋友堕落了。打牌、喝酒、捧戏子、逛窑子成了日常生活的主要内容。而维持生活的方式，竟主要成了索债、借债、典质衣物。这一段时期，被胡适自称为"个人历史上的黑暗时代"。他回忆说：从打牌到喝酒，从喝酒又到叫局，从叫局到吃花酒，不到两个月，我都学会了。幸而我们都没有钱，所以都只能玩一点穷开心的玩意儿，赌博到吃馆子为止，逛窑子到吃"镶边"的花酒或打一场合股份的牌为止。有时候，我们也同去看戏。

1910 年 3 月的一天，胡适同一帮酒肉朋友，在一家"堂子"喝了酒，又到另一家去"打茶围"，还要打牌。直到酩酊大醉，胡适独自雇人力车返回住处。那夜暴雨如注。第二天早上醒来，胡适发现自己睡在租界巡捕房的地板上，全身狼狈不堪。原来，在酒醉当中，胡适不但与巡警发生口角，还动了手，竟然把巡警掀翻在地，一起在泥水中翻滚。最后，胡适不但被关了一夜，还被罚款五元。

痛定思痛，胡适决心与过去告别，参加庚子赔款留美官费考试。他的同乡好友许怡荪鼓励他去报考，答应替他筹措经费。另一个朋友替他出了赴北京的路费，他的族叔也答应替他照顾家里人的生活。胡适静下心来，复习了两个月，北上参加考试。当时他怕考不上被人笑话，所以用了"胡适"这个名字，哪想这个名字自此跟了他一辈子。他以第 55 名的成绩，被录为清华庚子赔款留美奖学金的学生。

留学与择业

留学经历决定了胡适一生道路的大致走向。1910 年 9 月，胡适至美国绮色佳，入康奈尔大学附设的纽约州立农学院。

绮色佳被胡适看成是"第二故乡"，在康奈尔大学的"此五年之岁月，在吾生为最有关系之时代"。所交朋友，所受待遇，所结人士，所得感遇，所得阅历，所求学问，皆是自己亲力亲为，比儿时的阅历更能影响自己的一生。

在选择专业时，胡适对于当时比较容易找到工作的开矿或造铁路不感兴趣，又不能忘怀亲人的劝告——不要学些没用的没饭吃的文学、哲学之类的东西，只有采取调和折中的办法，学有用之学。当时康奈尔大学有全美国最好的农学院，且不收学费，每个月还可获得 80 元的津贴，可将部分的钱拿回养家。再者中国有百分之八十的人是农民，将来学会了科学的农业，也许可以有益于国家。于是，胡适选择了农学作为专业。

但是，胡适在农学院学习种植苹果的时候，遇到很大障碍，要根据颜色、甜酸度、软硬度给苹果定名。美国同学做完实验，把苹果拿回去吃了，胡适却还没有把苹果搞明白。而那些苹果在中国也没有出产。胡适农业救国的梦碎了，开始重新寻找自己的兴趣所在。

胡适转系到了文学院，主修哲学，副修英国文学、经济学、政治学。后到哥伦比亚大学，仍以哲学为主，以政治理论、英国文学为副。

1915 年 5 月 28 日，胡适在留学日记中记下自己的"择业"志向，在择业方面要由"肤浅"转而至于"专一"，并与朋友相约，以后各自全力专心致志于各人所择之事业。胡适写道：

> 吾生平大过，在于求博而不务精。盖吾返观国势，每以为今日祖国事事需人，吾不可不周知博览，以为他日为国人导师之预备。不知此谬想也。吾读书十余年，乃犹不明分功易事之义乎？吾生精力有限，不能万知而万能。吾所贡献于社会者，惟在吾所择业耳。吾之天职，吾对于社会之责任，惟在竭吾所能，为吾所能为。吾所不能，人其舍诸？

> 自今以往，当屏绝万事，专治哲学，中西兼治，此吾所择业也。

预备要当"国人导师"，是志向高远，还是狂妄，也许现在的人看来会有不同感想吧。而立志"当屏绝万事，专治哲学"，胡适并没有办到，他的兴趣很快转移到文学上了。

在专业选择上，胡适自己曾走过小小的弯路，所以他也常和学生们谈到专业选择问题，强调选择专业要"性之所近，力之所能"。

胡适认为，专业选择的标准有两个，一个是"我"，一个是"社会"。社会上三千六百行，从诺贝尔得奖者到修理马桶的，都需要，因此社会的标准并不重要。应依着自我的兴趣，"性之所近，力之所能"。在他看来，十八九岁的青年仍没有能力决定自己的前途、职业，在大学一二年的时候，应东摸摸西摸摸，依着"性之所近，力之所能"学下去，对国家的贡献会大，前途也未可限量。

不少民国时代从事人文学术研究的学者，都有转专业的经历。鲁迅曾在南京水师学堂读书，到日本读医学，最后从事文学研究，郭沫若从学医学转到文学，蒋梦麟从农学转向教育学，赵元任从物理学博士转为语言学、音韵学专家，等等。当时，各种新专业领域亟待开发，需要大量天才性的学者作为开山者，这使他们有较大的空间选择与自己的志趣相投的专业。也就是说，他们需要的不仅仅是一门谋生的职业，更应是一门寄托人生追求的事业。胡适转专业，竟然实现了他青年时代的一个立志："国人导师"。

二、暴得大名之后

转专业后，胡适果然在新的学术领域如鱼得水。胡适首先倡导废除文言，以白话文作为国语，成为新文化运动的主将。

文学革命旗手

留美期间，胡适在与一班留学生朋友的交游中逐渐形成"文学革命其时矣""要使作诗如作文"等革新文学的观点，并在与友人的频繁通信、激烈争辩中坚定了自己的看法。

胡适认为，白话是活文学，文言是半死的文字，中国文学必须经过一场革命。他的朋友梅光迪则比较守旧，不承认文言是半死或已死的文字。两人在激烈的争辩中各不相让。大学毕业，相互作诗赠别的时候，胡适给梅光迪写道："梅君梅君毋自鄙。神州文学久枯馁，百年未有健者起。新潮之来不可止，文学革命其时矣。吾辈势不容坐视。"殷殷希望，溢于言表。

胡适的诗中用了"牛敦""客尔文""爱迭生""拿破仑"等外国字的译音，他自称是文学史上的实地试验。后来，梅光迪写信给胡适，反对他"作诗如作文"的主张，于是，一场关于"文学革命"的争论便拉开了序幕。

正是在这样激烈的舌战中，胡适关于"文学革命"的主张逐渐成形。胡适在 1916 年初给梅光迪的信中便指出：要救文学有文无质之大病，"宜从三事入手：第一须言之有物，第二须讲文法，第三，当用'文之文字'时，不可避之"。后来，在给朱经农的信中又增为"新文学之要点"八条，稍作变动后于 1917 年 1 月在《新青年》2 卷 5 号上发表，即文学改良的"八事"：言之有物，不摹仿古人，讲求文法，不作无病呻吟，务去烂调套语，不用典，不讲对仗，不避俗字俗语。在胡适看来，文学应随时代而变迁，一时代有一时代之文学，"今日之中国，当造今日之文学"。就是他《文学改良刍议》一文的主旨。

胡适在留学生朋友当中遭遇冷落，在国内却出人意料地得到响应，引起了一场文学革命的大潮。1917 年 2 月 1 日，《新青年》3 卷 6 号刊登了陈独秀的《文学革命论》，以激昂的言辞呼吁："文学革命之气运，酝酿之非一日。其首举义旗之急先锋，则为吾友胡适。余甘冒全国学究之敌，高张'文学革命军'大旗，以为吾友之声援。"胡适对朋友们大谈文学革命，但在国内发表文章却只提出"文学改良"，还相当拘谨地称"伏惟国人同志有以匡纠是正之"。较之陈独秀"必以吾辈所主张者为绝对之是"的革命态度，胡适就显得过于平和谦虚了。

《新青年》原名《青年杂志》。杂志创刊不久，陈独秀即发表《现代欧洲文艺史谭》一文，介绍西方文艺从古典主义、浪漫主义到现实主义、自然主义的演变。稍后，李大钊也在《晨钟报》上预言新文明的诞生，必有新文艺为先声。黄远庸在《甲寅》杂志上与章士钊讨论新文艺问题，黄认为，将来的根本救济当从提倡新文学下手，要用浅近文艺普遍四周，要与一般的人生出交涉来。

胡适与陈独秀关于文学革命的呼声，很快得到了响应。2月25日，钱玄同致函陈独秀，对采用白话之论表示绝对的赞同，斥桐城巨子之散文、选学名家之骈文为"高等八股""变形之八股"。在稍后给胡适的信中，更目之为"选学妖孽""桐城谬种"。刘半农也在《新青年》撰文阐述自己关于文学改良的观点，提出改造新韵、以今语作曲等。钱、刘是治音韵学、语音学的专家，是文学革命的最初响应者。

胡适《文学改良刍议》的发表，标志着"文学革命"从几十个留学生的小圈子内的争论演变为具有广泛号召力的国内运动，其反响之烈，恐怕也出乎胡、梅之意料。就首倡文学革命、推广白话文而言，胡适功不可没。

胡适因倡导白话文，暴得大名，成为文学革命的旗手，他做了很多的白话文学创作。胡适发表的第一首白话诗，应是《蝴蝶》：

> 两个黄蝴蝶，双双飞上天。
>
> 不知为什么，一个忽飞还。
>
> 剩下那一个，孤单怪可怜。
>
> 也无心上天，天上太孤单。

胡适的白话文学创作《尝试集》是 1920 年 3 月出版的，这是中国文学史上的首部白话诗集。诗意取自陆游的诗"尝试成功自古无"，但胡适反其道而用之，认为"自古成功在尝试"，这本书的重要意义在于其"实验的精神"。诗集的一部分是在美国写的，自然带有旧诗的痕迹，回国后写的则更自由开放，更能代表白话诗的诗体解放精神。

胡适还尝试创作了白话的独幕剧《终身大事》。剧中女主角叫田亚梅。她的母亲相信算命风水，不同意她自由恋爱。她的父亲认为"田""陈"同姓，不同意她同陈姓青年结合。但她留下"孩儿的终身大事，孩儿该自己决断"的字条，还是与恋人离家出走了。这部戏因有女性与人私奔的情节，当时竟然找不到女学生来扮演田亚梅。

不过，即使在知识界上层，对于白话文的成见也不容易立刻消除。同在北大任教的同事黄侃是一位守旧派，见了《蝴蝶》一诗，就改口称胡适为"黄蝴蝶"。他还曾调侃胡适，说你既然要推广白话文，就要身体力行，名字就不应叫"胡适"，应该叫"往哪去"。甚至留洋法学博士王宠惠也对胡适说："严又陵（即严复）的周秦诸子文，固是极端；你们的拉车的白话文，也是极端。譬如钟摆，才摆向东，又摆向西，都不好；须是在中间，方才是中庸之道。"胡适反驳说："钟摆摆来摆去时，钟是动着的。钟摆停在中间时，我们说钟停了，死了。"显然，胡适宁愿采取一种相对极端的姿态，也不愿文化的钟摆停在那里，"死了"。

五四运动中，各地涌现出四百多种白话报纸。1920 年以后，连老牌的《东方杂志》《小说月报》也改用白话。至此，白话开始占据大众传媒。北洋政府教育部也于 1920 年颁布了《国音字典》，下令从当年秋季起，国民学校的一二年级都改用国语，以前的国文教科书一律作废；两年后国民学校一律改用国语。自此，白话占据了学校教育。原来被视为"土语"的白话，终于合法地成为国语，取得正宗的地位。胡适倡导的白话文运动超越了文学领域的狭小圈子，对中国社会有着深刻的影响。

讲学与议政

胡适于 1917 年到北大任教，主讲"中国哲学史"及"英国文学"等几门课程。

讲授中国哲学史的时候，胡适用了他自己编的"中国哲学史大纲"讲义。他的讲课内容让当时的学生们吓一大跳。原来，学生们习惯于老教授从三皇五帝讲起的哲学史路径，对胡适直接从周代开始，十分反感，认为他将中国哲学史拦腰截断了。学生们对是否把这个新来的教授赶出课堂意见不一，请来了一位大家公认的有水平的学生，这就是傅斯年。傅斯年认真去听了几次课之后，对同学们说："这个人，书虽然读得不多，但他走的这一条路是对的。你们不能闹。"这样，胡适才算在学生中站住了脚。

在北大，胡适推动了北大建立现代学术研究体系及管理机制的进程。他建议模仿美国大学建制，实行各科教授会制度，设立各种专门的学术研究所。胡适以自己的学术地位及人脉关系，积极为北大物色人才，延揽师资。经胡适的推荐，陈衡哲留学美国归来后，被聘为北大第一位女教授。吴虞在四川受到保守势力攻击的时候，也被胡适邀到北大担任文科教员。

任教北大期间，胡适担任过各种学术职务，如哲学系系主任、外国文学系系主任、英国文学系系主任、中国文学系系主任、北大评议会评议员、北大文学院院长、北大校长等等。胡适还曾短暂地担任过教务长一职，那是 1922 年 4 月的事。当时胡适被选为教务长，但再三思量后，第二天就向蔡元培校长递交了辞职信。究其原因，既为自己，也为学校。对自己，胡适不想再荒废本该用于学术上的时间，养成懒病和敷衍的习惯。对学校，胡适认为自己缺乏管理事务的才干，连开会一事也视为畏途，不能因自己的无能导致学校百务废弛。不过胡适一时没有推托掉这一职位。

胡适归国时，曾立志 20 年不谈政治，专注于学术事业。但五四运动期间，陈独秀因散发传单被捕，胡适不得不出面主持《每周评论》，谈起政治。1922 年前后，他还专门办了一份《努力周报》，"努力"地谈起了政治。

1922 年 5 月 7 日，《努力周报》创刊于北京，至 1923 年 10 月 31 日终刊，共出版 75 期，胡适主编，主要作者有丁文江、陶孟和、高一涵、朱希祖、徐志摩、陈衡哲等。《努力周报》上有关好人政府、制宪问题、玄学与科学的讨论等，在当时的思想文化领域里产生了广泛的影响。

胡适曾做了一首《努力歌》作为发刊词，诗中说：

"这种事要有人做"。

朋友，你又错了。

你应该说，

"我不做，等谁去做？"

天下无不可为的事。

直到你和我——自命为好人的——

也都说"不可为"，

那才真是不可为了。

朋友们，我们唱个"努力歌"：

"不怕阻力！

不怕武力！

只怕不努力！

努力！努力！"

《努力》周报创刊伊始，胡适便打算大力宣传他的好人政府主义。《我们的政治主张》本是胡适自己完成的一篇政论文字，为扩大影响，他邀请了一些知识界的知名人士署名，作为公开的政治宣言发表。参与其事的有李大钊、蔡元培、陶行知、汤尔和、王宠惠、罗文干等人。《我们的政治主张》发表后，各大媒体纷纷转载。这篇宣言，提出将"好政府"作为改革中国政治的共同目标，又提出三个基本要求：第一，我们要求一个"宪政的政府"；第二，我们要求一个"公开的政府"；第三，我们要求一种"有计划的政治"。

显然，胡适谈政治是不得已的，他自己也承认："哲学是我的职业，文学是我的娱乐，政治只是我的一种忍不住的新努力。我家中政治的书比其余的书，只成一与五千的比例，我七天之中，至多只能费一天在《努力周报》上；我做一段二百字的短评，远不如做一万字《李靓学说》的便利愉快。"胡适表示，希望国内爱谈政治又能谈政治的学者来"霸占"周报，而自己仍将主要精力去研究哲学与文学，那就是自己的"幸福"了。

20世纪20年代中期，教育界学潮汹涌，北大也常被卷入。胡适却坚持认为北大应该远离政潮、学潮，专注于学术研究。当时政局动荡，青年学生因血性与冲动，常常罢课、游行。而胡适这样的权威，往往也被认为是反动的"学阀"。胡适不怕被当成"学阀"。他强调，大学应该有严格的学术训练，大学应该注重严格的考试与严格的管理，表示"我们应该努力做学阀"，"学阀之中还要有一个最高的学阀"！显然，胡适从学术的角度，希望严格学术训练。

在论及学生运动时，胡适多次谈到一个古今中外的通例，即常态的国家里，用不着学生干涉政治。但在变态的社会里，政府腐败，没有和平改换政权的制度，没有代表民意的机关，干涉政治的责任，一定要落在青年知识分子身上。这在变态的国家里是必然的，禁止是不可能的。历史上汉宋的太学生请愿，明代东林党之攻击朝政，国外的法国大革命、俄国革命，现代的中国，皆是如此。英美的政治比较上轨道，故英美青年多去打棒球、对垒球、划船、跳舞，享受青年人应享的幸福。要免除学生干涉政治的现象，必须让政治早日走上轨道，由担当政治的中年人把政治干好。在他看来，青年人的政治活动往往是由于很纯洁的自然冲动，本于爱国的血诚；但群众运动往往是"五分钟的热度"，呐喊救不了国家。他告诫学生："国家的纷扰，外间的刺激，只应该增加你求学的热心与兴趣，而不应该引诱你跟着大家去呐喊。"他主张文化救国、学术救国，不主张学生过多参与政治活动，尤感罢课成为"滥用的武器"后，会招致社会的轻视与厌恶。

为此，胡适多次向学生讲述德国大文豪歌德、大哲学家费希特的故事。歌德遇到国家政治纷扰的时候，便用心去研究一种绝不关系时局的学问。当拿破仑军队威逼德国最厉害的时候，他天天用功研究中国的文物。而费希特在普鲁士被拿破仑攻破之后的第二年，便回到柏林，着手计划建立柏林大学，撰写《告德意志民族书》。

1926 年 7 月至 1927 年 4 月间，胡适出席伦敦"中英庚款委员会议"，游历欧美、日本。这也正是南北政局对立尖锐化的时期。胡适归国后，留在了上海。这一时期，北大也是风雨飘摇。一些亲北洋政府的英美派北大教授，与国民党人发生了对抗。国民党势力进入北方教育界后，决心整顿北京大学。

在大学院的会议上，胡适曾反对将北京大学废掉，反对由李石曾担任校长。但胡适的意见被否决，国民党的势力进入了北大，北大先被南京政府改名为中华大学，后又改为北平大学、国立北平大学北大学院。胡适和东吉祥胡同的《现代评论》派知识分子走得很近，被国民党人吴稚晖称为"反革命"，他也因此无缘回到北大，虽然胡适一度被认为是北大校长的人选之一。

上海三年半

1927 年 5 月，胡适从美国回到国内，在上海度过了三年半的时光。当时，上海聚集了一大批因政局动荡、生活窘迫而南下的知识界人士，胡适无形中成为其中的中心人物，积极参与了当时的文化学术活动。

新月派是中国现代文学史上的一个新诗流派，他们的文学团体——新月社成立于 1923 年。胡适回国后不久，新月社的会员聚集在上海，招股集资，筹办新月书店。1927 年 7 月，新月书店开张。1928 年 3 月，《新月》正式创刊，胡适的《考证〈红楼梦〉的新材料》便发表在创刊号上。

这一时期，胡适还出任了中国公学校长。当时，胡适的母校中国公学爆发学潮，学生们拒绝学校董事会推举出来的校长，校方和学生们希望胡适出面担任校长。胡适明知这是给自己"套上一件镣铐"，但不忍拂逆学生们的热心，加上母校对自己早年成才的影响，又想表示自己不回到北方的姿态，遂于1928年6月出任中国公学校长。

对学校事务，胡适采取的是无为而治的态度，他并不时常到学校，作为校长每月也只领一百元的车马费，主要行政事务由副校长杨亮功处理。

胡适上任前，中国公学只有三百多名学生，分散于四个学院十七个系。胡适上任后，作了大胆改革，进行院系合并与裁减，设立文理学院、社会科学院两个学院七个系，他亲自兼任文理学院院长。胡适邀请了一批知名学者前来任教，如高一涵、张慰慈、杨亮功、罗隆基、梁实秋、郑振铎等。胡适也曾亲自担任"文化史"课程的老师。

本着学术自由的原则，学校办有《吴淞》月刊，学生们也组织了各类社团活动。学校的壁报，有左派办的，有国民党办的，也有国家主义者办的。中国公学本是闹学潮最著名的学校之一，但胡适做校长期间，各派学生都接受他。教师中，既有德日派、英美派留学生，也有像沈从文这样没有高等文凭的教师。

中国公学起色很快，一年左右的时间，学生增至一千多人。学生们对学校思想自由、同心协力的奋斗精神深有感触，多愿意报考。

胡适十分关爱学生。他亲自为校运动会写歌词，鼓励学生加强体育锻炼。胡适曾赠送"不要抛弃学问"一句话，作为给

1929 年毕业的中国公学学生的离别礼物。他借用易卜生的话说，"你的最大责任是把你这块材料铸造成器"，"学问，便是铸造的工具，抛弃了学问便是毁了你自己"。胡适做中国公学校长时间并不长，但这时期他的学生中就有后来的知名学者，如物理学家吴健雄，历史学家罗尔纲、吴晗等。

上海三年，也是胡适一生参与政治最激烈的时期。《新月》最初是比较纯粹的文学刊物。将《新月》由纯文学刊物变为谈政治的论坛，是胡适推动的结果。

1929 年 3 月，国民党三大召开。国民党党员陈德征，以普通法院按法律程序处理"反革命分子"，常因证据不足而使反动分子逍遥法外，因而破天荒想出了只凭党部一纸证明便可定罪判刑的提案——《严厉处置反革命分子案》。

胡适忍不住不满了，开始著文批评，由此引出一年多的"新月"风波。胡适先后发表《人权与约法》《我们什么时候才可有宪法》《知难，行也不易》等一系列文章，批评国民党一党专政。胡适在《新月》批评国民党的文字被朋友誉为"一党说你非，万人说你是"，但也就此劝他"忠言不入耳，劝你就此止"。

在胡适的影响下，《新月》接连发表了若干论人权的文章。罗隆基在《新月》2 卷 5 号上发表《论人权》一文，提出"目前所必争的人权"35 条，俨然欧美人权宣言的汇集。后来，这些发表的文章编为一册，就是《人权论集》一书。

尽管《新月》曾屡遭查禁，《新月》编辑罗隆基甚至一度被捕，胡适仍为坚持思想自由、言论自由而奋斗。他在《我们要我们的自由》的文章中申诉说："一个国家里没有纪实的新闻而只有快意的谣言;没有公正的批评而只有恶意的谩骂丑诋——这是一个民族的大耻辱。"他表示,之所以要争取思想、言论、出版自由,是要以国民资格,对国家社会问题作善意的批评和积极的讨论,同时带动知识界关注国家政治问题,做政府和政党的指导监督。

1930 年上半年,胡适以需要专心著述为由,辞去中国公学校长职,并推荐马君武接替校长职位。中国公学的师生对胡适的辞职十分惋惜,曾联名挽留,希望他不要因为《新月》杂志的政治压力而辞职。

国民党当局对中国公学的自由化倾向并不满意。如蔡元培对学校的印象就颇为恶劣,认为学校不挂国民党党旗、不挂总理遗像,不读总理遗嘱。胡适辞职后,国民党方面对继任的马君武更加不满,认为马容忍反动的共产党、国家主义者在校内活动,于是趁马君武赴日本之机,派于右任接替马君武做校长。拥马、倒马的学生之间爆发了矛盾与冲突,并导致学生罢课。胡适介入调停,也受到国民党当局的嫉恨。几次撤换校长的结果是国民党当局的势力控制了中国公学。

1930 年 7 月,胡适到南京出席中华文化教育基金委员会第六次年会,被聘为编译委员会主任委员。

胡适离开上海后,《新月》杂志不久也停刊了。

重返北大

胡适身在上海时,依然心系北大。他曾作一首《留恋》,开头一段是:

三年不见伊,

便自信能把伊忘了。

> 今天蓦地相逢，
>
> 这久冷的心又发狂了。

这是胡适北大"情结"的真实写照。

返回北平后，胡适积极参与了北大的重建工作。他利用其影响力，促成了北大与中华文化教育基金会之间合作研究的学术资助计划。他又动员一些离开北大的知名教授重返北大。1931年2月10日，胡适重新站上北大讲台，在第二院大礼堂开讲中古思想史，听课学生约三百人。当时，胡适担任中华文化教育基金委员会的专任职位，故坚持推辞掉北大给他的一半教授薪俸。1932年2月，胡适正式出任北大文学院院长兼中国文学系主任。

在胡适重整北大学术声威的同时，时局与政治也更多地牵扯了他的精力。

1932年初，胡适和朋友们建立了一个名叫"独立社"的小团体。他们通过聚餐的方式讨论时事政治。独立社的主要社员有丁文江、蒋廷黻、傅斯年、翁文灏等。

1932年5月22日，《独立评论》正式创刊，1937年7月18日终刊，共出244期。周刊经费由独立评论社的社员自行集资，社员发表文章也不取报酬。胡适在发刊引言中说："我们叫这个刊物作《独立评论》，因为我们都希望永远保持一点独立的精神，不依傍任何党派，不迷信任何成见，用负责任的言论来发表我们各人思考的结果：这是独立的精神。"

不过，此时的胡适已非《努力周报》时代书生意气、激扬文字的胡适了。他也自感"意兴"不如那个时代的十分之一。当然，他仍以坚强的毅力承担编务。曾有一段时间，胡适一人负责《独立评论》的编辑工作，常在星期一的晚上熬夜到三四点钟，妻子江冬秀责怪他，他却说："礼拜一的一日一夜是我送给《独立》的。我作《独立》文字，写完了编完了，才肯去睡。睡觉真觉心安理得，怪舒服的，因为我觉得这一天做的事是完全不为吃饭做的，是我尽自己的一点公民职务。这种舒服是金钱买不来的。"

《独立评论》先后发表一千三百多篇政论文字。处于民族灾难日益加深时，杂志充分发挥了领导舆论的作用，诸如关于宪政、民主与独裁、建国问题、对日政策的讨论，等等，在知识界引起过强烈反响，也在一定程度上影响了时政。

1935年前后，胡适的一班朋友，也是独立评论社的社员翁文灏、蒋廷黻、吴景超，纷纷进入南京政府做官。国民党方面也邀请胡适从政，如教育部部长、驻外使节之类。胡适这样解释自己的立场："我终自信我在政府外边能为国家效力之处，似比参加政府为更多。我所以想保存这一点独立的地位，决不是图一点虚名，也决不是爱惜羽毛，实在是想要养成一个无偏无党之身，有时当紧要的关头上，或可为国家说几句有力的公道话"，"为国家做诤臣，为政府做诤友"。胡适特意写信给从政的朋友，勉励其"为语麻姑桥下水，出山要比在山清""当以宾师自处，遇事要敢于言，不得以时以去就争之"，他却自诩"流到前溪无一语，在山作得许多声"。显然，胡适保持着书生论政的姿态，却并不愿意参与实际政治。

1935年，华北局势也日趋严峻，日本侵略者企图将国民党的势力驱逐出华北，并策动华北五省自治。对此，国民党持消极退让的态度。而青年学生则痛感"华北之大，已经安放不下一张平静的书桌"。一二·九学生运动就是在这样的背景下爆发的。

在 12 月 9 日的游行示威活动中，清华、燕大的学生率先走向街头，北大的学生也随之加入。上午，胡适课堂上的学生还是满的，可下午他就目睹几十名北大学生加入了游行队伍。到 12 月 20 日，胡适课堂上的学生，只有一个人了。

胡适对待学生运动的态度是矛盾的，一方面，他抽象地称赞学生们的爱国激情，另一方面，他反对学生们从事游行示威，尤其反对长期的罢课。胡适曾发表《向学生运动进一言》一文，一方面表示学生爱国运动"是多年沉寂的北方青年界一件最可喜的事"，"我们中年人尚且忍不住了，何况这些血气方刚的男女青年"！但同时，他向学生运动"进言"，反对在少数人的操纵、煽惑之下罢课，呼吁广大学生专心向学，不要轻信、盲动，"被人糊里糊涂牵着鼻子走"。12 月 10 日，因胡适曾亲手撕掉北大学生贴的一则通告，一位署名为"将来杀你的人"的激愤学生骂他作"该杀的教育界的蠹贼"。

12 月中旬以后，更多的北平学生卷入了游行示威活动，国民政府军警采取了严厉的镇压举措，受伤学生达二百多人。野蛮的镇压激发起更大的反抗。胡适写了《再论学生运动》《告北平各大学同学书》，一方面谴责当局的处置错误，反对武力镇压学运的"绝对不可恕的野蛮行为"，但又严厉劝告学生"即日复课，勿再虚掷光阴"，表示全国舆论界对学生们的罢课是"绝对不表同情的"。他强调，报国之事"决非赤手空拳喊口号发传单所能收效"，学生首先应该努力训练自己，成为有知识有能力的人才，否则"今日生一枝节，明日造一惨案，岂但于报国救国毫无裨益，简直是青年人自放弃其本身责任，自破坏国家将来之干城了!"

胡适虽然对学生运动一度持严厉的批评态度，但他并不是当时青年学生所误解的汉奸或卖国贼。当然，也许他的理性的爱国姿态是过于冷静与保守了。不过，卢沟桥事变后，华北沦陷，北大开始其流亡生涯，胡适也出了国，为国家外交操劳。

学者大使

胡适不愿意参与实际政治，并不是绝对的，尤其是民族危机当头时。九一八事变后，胡适常常聚集朋友，讨论时事，苦于拿不出可行的主张。华北局势最紧张的时候，他呼吁国民党当局不能放弃华北。卢沟桥事变后，胡适到庐山参加庐山谈话会，与蒋介石等国民党决策层商谈对日政策及教育问题。

抗战爆发后，胡适被蒋介石派为民间外交代表，去欧美国家游历，同行的还有张忠绂、钱端升两人。当时官方没有给他们明确的任务，三人出国后几乎到了无事可做、无功可立的地步。性急的钱端升尤其不耐烦，张忠绂则以家事为由，早早跑回了国。唯有胡适心态相对平和些，曾竭力劝他们有事情就做，无事情就搞点研究。

1938 年 7 月 20 日，正在英国的胡适接到蒋介石的电报，希望他接任驻美国大使。当时，前任大使王正廷想为国家搞六万万美元贷款，结果被一个数次涉嫌诈骗的穷光蛋骗了。这时，蒋介石想到了胡适，希望他出任大使。犹豫再三，胡适终于回电说："国家际此危难，有所驱策，义何敢于辞。惟自审廿余年闲懒已惯，又素无外交经验，深恐不能担负如此重任，贻误国家，故迟疑至今，始敢决心受命。"

9月13日，胡适被任命为驻美国大使，开始了他一生中短暂的外交官生涯。担任大使期间，胡适经济上并不宽裕。他一直没有动用大使可以不用收据就开销的"特支费"，并自动降低生活标准。他在信中对妻子说："我过的日子总算顶舒服的了。比起打仗的兵士，比起逃难的人民，比起天天受飞机炸弹的惊恐的人民，我这里总可算是天堂了。"

作为一介书生，胡适很难有职业外交家的才干。他主要的外事活动，大概就是四处演讲，做对外宣传了。当时的美国报纸报道说，驻美大使胡适，创造了外国使节在美旅行的最高纪录，被邀出席公共集会演说的次数，也超过其他外交人员。胡适也曾向朋友讲述了他担任大使期间四处演讲的情形："今年体质稍弱，又旅行一万六千英里，演讲百余次，颇感疲倦。我在此三年，不曾有过一个周末，不曾有一个暑假。"

审视胡适的作为，当时曾有不明就里的舆论怀疑他的外交能力，如有人就以使馆工作"无为而治"，胡适无组织能力、到处领荣誉博士学位等等大做文章，并不时制造他人将接任大使的传闻。

让没有职业外交家经验的书生做大使，是蒋介石犯傻吗？当然不是。当时的中国，在外交上并没有什么主动权，无须什么高超手腕去赢得什么好处。关键是要通过舆论，赢得美国民众对中国抗战的同情。珍珠港事变前，美国公众沉浸在和平主义、孤立主义的情绪中，比美国的政治家们更为消极。中国不仅要争取罗斯福本人的支持，还要争取美国公众的同情。在这一点上，胡适的优长之处就体现出来了。

1942 年 9 月，胡适离任大使职务，离开华盛顿，到纽约重新开始一段学术生涯，直到 1946 年 7 月回国。

北大校长

抗战胜利后，胡适被任命为北京大学校长，归国前由傅斯年代理。1946 年夏，胡适自美归国。

在北大复校的开学典礼上，胡适谈到了自己"小小的梦想"，那就是，使北大成为一像样的大学，成为一个全国最高学术的研究机关，在学术上、研究上、思想上对国家有所贡献。他呼吁北大师生从事独立的、创造的学术研究，造就能独立研究、独立思想的人才。针对战后复杂的政局，他还强调希望不要因为党派政见而毁了学校。

胡适的学术抱负体现在一篇名为《争取学术独立的十年计划》的文章中。胡适的设想是，在全国优先发展十所大学，使之成为中国第一流大学。第一个五年，先发展五所大学，第二个五年再加上五所大学。胡适计划的目的，在于完善大学的设备，提升大学的学术独立地位。他认为，与其每年花大量外汇送学生出国留学，不如用这些钱发展国内教育。而在经费扶助上，无论是国立大学、教会大学，主要应重视其学术成就。在他看来，中国的大学应充分提供现代学术的基本训练；国内应有设备和师资，供专门人才进行科学研究；本国应有专门人才与研究机构，解决国家需要解决的科学问题。

当时，南、北教育界曾为他的"十年"计划而震动。一些没有读到原文的读者，纷纷给当时的《观察》杂志写信，希望看到胡适文章的原文。不过，那时人们重视的是第一句话：

"第一个五年先扶助北大、清华、中大、武大、浙大。"胡适的计划中的"中大"非今日的中山大学，而是当时在南京的中央大学。有读者为"纪念国父之中山大学竟被遗忘"而遗憾，要求增加中山大学；有人化名"胡不适"，指责胡适"自然要替北大吹吹牛，明明希望教育部将所有经费以供养北大，格于舆论情，勉强提出四校作陪客，偏私之心，路人皆知。坐井观天，创不公之议，徒自绝于国人"。看来，那时的人们并不一定都理解了胡适的苦心，有的竟然把他的学术计划看成排名次、抢经费的方案。

胡适执掌北大的时期，他主要应付的是经济危机与学潮。他的学术独立的抱负，也被误解为几个名校之间的利益之争，所以，胡适的学术振兴梦也许正表现了他自己性格中"不可救药的乐观主义"的一面，在现实生活中是无关紧要的。

战后，国民党总希望将胡适拉入政府之中，作为民主宪政门面的装点。他们希望胡适做国民政府委员、考试院院长、行政院院长或再次去美国做大使等等，对所有的官职，胡适都婉言谢绝了。在他看来，知识精英在野是一种力量，而一旦做了院长、部长，便成了"政府的尾巴"。他是不愿意成为"尾巴"的。

从1917年9月到北大任教，到1948年12月南下，胡适在北大工作了近二十年。从1917年9月到1925年11月，这是胡适的成名期，也是北大作为新文化运动中心的鼎盛期。胡适离开北大后，北大也因各种政治原因步入一个衰落期。重返北大到全面抗战爆发之前，胡适与蒋梦麟校长合作，迎来了一个学术中兴的时代。胡适出国担任大使，北大也流离于抗战大后方。1946年8月至1948年12月，胡适在北大校长的位置上，经历了战后的复兴以及内战中的煎熬。

1948 年 12 月 15 日，胡适乘蒋介石派来的飞机离开了北平。

三、流亡与返台之后

胡适晚年，是在美国与台湾地区度过的。他虽然希望在晚年集中精力从事学术研究，但台湾的政局，却又无时不令他牵挂。

"青山真是我们的国家"

1949 年 4 月 6 日，胡适再次出国。到美国之初，国民党多方拉他担任政府公职。6 月 12 日，阎锡山在广州组阁，宣布胡适为外交部长。胡适事前不知情，为此十分苦闷。经过几天的考虑，他拍电报向国民党方面表示"适在此努力为国家辩冤白谤，私人地位，实更有力量"。但国民党方面仍阻拦他向外公开表态不就外长职务。胡适为此不得不向朋友抱怨"岂非闭我之口，裹我之脚"。

蒋介石曾希望胡适在美国争取"精神与道义之声援"，而尤其以"不承认中共政权为第一要务"。不过，胡适发现，形势已经今非昔比，自己所能活动的空间十分有限，大势所趋，"不是私人间的谈话所能转移的"。胡适告诉驻美使馆方面，取消一切政治性的约会，不会见任何美国政府或国会方面的领袖。这一段时间，他的精力主要专注于《水经注》的考证上。

1949 年九十月间，正是中国大陆新旧政权交替的关键历史时刻，胡适在美国研究起了象棋。他的《象棋小考》提出，印度是"乘象而战"的民族，象棋是随佛教从印度传入中国南方，再到北方的。这是胡适为了排解自己在"百忧交迫"中的悲痛与无奈。这也是在模仿歌德与费希特吧。

1952年12月，在北大同学欢迎会上，胡适说了这样一段话，来表达他在1949年的心情："在民国三十八年，我感到抬不起头，说不出话。我曾对家人说，'不要以为胡适之在吃自己的饭。'我们家乡有句俗语：'留得青山在，不怕没柴烧！'以我几十年的经验，我感到青山就是国家。国家倒霉的时候，等于青山不在，青山不在的时候，就是吃自己的饭，说自己的话，都不是容易的事情。"

在国外几年，胡适感慨自己真正体验到了"青山真是我们的国家"。

留在美国教书，将家眷接到美国，只是胡适不得已的选择。读了美国对华白皮书，他在情感上更不愿留在美国做教书匠了。他曾设想自己回台湾"做点我能做的事"，虽然还没有想明白自己能做些什么。他只确定了决不做官的第一原则，如果做考据文章也无心情的话，不妨写文章、作讲演。但是，因为家庭生活的关系，他不得不考虑暂时留居美国。1950年5月，胡适在普林斯顿大学获得葛斯德东方图书馆管理员的职位，9月到职，合约为两年。这对于一个名满天下的知名学者而言，的确是一种屈就了。

纽约的流亡生活十分清苦，胡适学会了做家务，家中还曾有盗贼光顾。这期间，胡适来往于美国和台湾地区之间。胡适回台湾不是讲学，就是以国大代表身份参加国民大会。

然而，祖国的政局，却又时刻让他牵挂。这使他与《自由中国》结下了不解之缘。早在 1947 年春，胡适还邀集北大、清华、南开等校的学者组织了一个"独立时论社"，参与其事者有毛子水、张佛泉、陶孟和、吴恩裕等。他们在几十家报刊上发表言论，对当时国内外重大时事、政治、外交发表意见，以期形成一种积极的舆论力量。1949 年春在上海的时候，胡适和若干朋友议论，形势演变下去，中国会分成"自由的"和"被奴役的"两部分，所以要重视"自由"和"奴役"的分界线，不能不注意"自由中国"这个名词，因此决定成立"自由中国出版社"，发行小册子。

1949 年 4 月，胡适离开上海去美国。在上海至檀香山的路上，胡适亲自为《自由中国》杂志撰写了发刊词，拟订了四条"宗旨"，宣示他们向国民宣传自由、民主，敦促国民党进行政治改革，抵制共产党的"极权政治"，建立"自由中国"的决心。归结为一点，就是以自由主义的运动抵制"国际共产主义有计划的铁幕恐怖"。

胡适开始了自己的流亡生活，《自由中国》半月刊也于 1949 年 11 月在台北创刊，以胡适为发行人，雷震任社长，编辑部总编辑为毛子水，杭立武、殷海光、张佛泉等为编委。自此，《自由中国》成为台湾自由主义的一面旗帜。

50 年代初，大陆发起了批判胡适思想的运动。对胡适的批判广泛涉及其哲学思想、政治思想、历史观、文学思想，以及关于哲学史、文学史、考据学、红楼梦研究等的具体问题。对此，胡适的评论是，在大陆"不但没有说话的自由，也没有不说话的自由"。在回答为什么共产党会将胡适思想当成"敌人的思想"时，胡适表示，这是因为他提倡自由，提倡怀疑，反对武断主义，反对教条主义。

吴国桢事件

胡适寓居美国期间，台湾政界发生了一件大事，这就是吴国桢事件，胡适也卷入其中。

吴国桢早年就读于清华大学，曾留学于普林斯顿大学，获得博士学位。他担任过国民政府内的要职，如蒋介石侍从室秘书、重庆市市长、上海市市长。国民党迁到台湾后，为争取美国的好感，蒋介石任命吴国桢出任台湾省政府主席兼保安司令，但在任期间，吴国桢大力推行的带有民主化色彩的措施无法落实，他也深感自己的权力被蒋氏父子架空。他和蒋经国的矛盾日益公开化后，于1953年4月辞去台湾省政府主席之职，远赴美国。

从胡适日记看，6月下旬吴国桢夫妇本想拜访胡适，但胡适主动去看了他们，并谈了三个钟头。胡适对他们的谈话内容的反映是"十分诧怪"，显然，胡适没有相信对方的言论。

1954年2月7日，吴国桢接受美国媒体的专访，公开批判台湾政治的不民主，认为只有在台湾实行真正的民主政治，才能争取到美国这样的"自由国家"的同情与支持，"然而不幸的若干人士竟认为与共产主义作战必须采取共产主义的方法"。这样，吴国桢将他与蒋氏父子之间的政见分歧在国际上公开化了。

当时，吴国桢致函国民大会，谴责国民党政府的一党专政、军队党化、特务横行、人权无保障、言论不自由、思想控制等问题，并建议由国民大会查明国民党经费来源、取消军中党组织、限制特务机关权力、追究抑制言论自由的责任、撤销青年救国团，等等。吴国桢希望国民大会郑重讨论这些事项，并写信给胡适，希望他促成此事。

与此同时，胡适飞回台湾，力挺蒋介石。这是国民党政权在台湾首次召开国大，胡适在返台前，就琢磨是出席还是缺席会议会让台湾当局尴尬。最后，胡适不仅出席了国民大会，还担任了大会开幕式的临时主席，并致开幕词。这样，胡适俨然成为支持蒋政权法统的民意化身。至于吴国桢的政治呼吁，为国民大会所拒绝。不过，胡适促成了吴的信函不被封杀，使这封信得以在台湾媒体上公开发表。胡适甚至认为，如果吴国桢所说的某些方面不无道理，就不应该因人废言。

1954年3月17日，蒋介石发布总统令，称吴"背叛国家，污蔑政府"，撤免其行政院政务委员职，同时彻查究办其在台湾省主席任内的违法渎职问题。同时，国民党决议开除吴国桢党籍。

1954年4月，胡适自台湾返美后，曾与吴国桢作了长达八小时的长谈。当时胡适指出了吴"没有政治感"的毛病。随之，台湾方面停止对吴国桢的攻击，这也与胡适的建议有关。胡适认为，举台岛舆论攻击吴，反而会使他在美国自抬身价。

事情并没有按照胡适的意愿发展。1954年6月，吴国桢在美国发表文章，公开谴责台湾当局。他指责蒋经国强迫青年学生参加反共救国团，美国人的援助在台湾被用来建立了一个"警察国家"。吴国桢表示，他身为保安司令部司令，但对各种军事审判案件完全不能做主。

1954年8月3日，胡适在给吴国桢的信中指责吴国桢"没有常识"，在若干情况下"缺乏道德感"，说谎，等等。胡适说："污蔑你自己的国家和你自己的政府；而它的每件错误与劣行你都不能逃避一份道义责任，正因为在你当权时从不曾有道义勇气讲出来。"稍后，胡适又在美国《新领导周刊》发表英文稿《台湾怎样自由》，反驳吴国桢的台湾已成为"警察国家"的说法。

胡适在吴国桢事件上的立场，为什么不像一个自由主义者所应持的态度呢？是因为他同蒋氏父子之间的私谊而讲义气呢，还是他真的以为台湾很自由？其实，恐怕他更多的是顾虑台湾的国际形象。因为那时的台湾，是他心目中的"自由中国"，哪怕这个自由只是虚幻的，但那是他所认同的"国家"。

几年后，在雷震案问题上，胡适终于表达了与在吴国桢事件中不一样的立场。

胡适与雷震案

1957 年 11 月，蒋介石圈定胡适为"中央研究院"院长。这一年，胡适已经六十多岁了，他也认为自己应该安定下来，利用南港史语所的藏书，把几部未完的书写出来。1958 年 4 月，胡适回到台湾定居，就任"中央研究院"院长。

胡适晚年回到台湾，除做学术研究的个人打算外，也包含着另外一层想法，即胡适也希望在推动台湾自由化、民主化问题上，发挥自己作为舆论领袖的重要作用。

胡适在台湾起着点缀"自由中国"的作用，而"自由中国"实质不自由。一本《胡适与国运》的小册子，攻击他讲学已经把大陆给讲掉了；回到台湾讲学，还要把复兴基地台湾讲掉。受此刺激，胡适心脏病复发也一次比一次严重。

雷震本是国民党的要人，但深受自由主义思想影响。他所主持的《自由中国》已成为台湾自由主义的象征，他还力图将自由主义的运动从思想层面引向现实层面。

从 1957 年 7 月开始，《自由中国》连续八个月推出"今日之问题"的 15 篇社论，全面反思台湾的政治、经济、军事、教育、司法、新闻自由等问题，质疑国民党代表全中国的"正统性"，公开表示国民党反攻大陆无望。

1959 年，胡适在《自由中国》创刊十周年纪念会上发表讲话，谈容忍与自由的哲学背景在"善未易明，理未易察"，这"不但是我写《容忍与自由》这篇文章的哲学背景，所有一切保障自由的法律和制度，都可以说建立在'理未易明'这句话上面"。他告诫各位同人"不要把我们自己看成是弱者，有权有势的人当中，也包括我们这一班拿笔杆的穷书生；我们也是强者"。他对大家的希望是"克己""自我训练""对人无成见，对事有是非"，用负责的态度，说有分量的话。

1960 年，雷震准备筹组反对党——"中国民主党"，挑战国民党的一党专政。其实这也是胡适所认同的主张。胡适曾多次在不同场合谈到国民党应该走上自然分化的道路，形成数个政党，从而使台湾走上政党政治的途径。胡适也曾在给蒋介石的私人信函中谈到这个问题。

1960 年 9 月初，国民党当局以"知匪不报，为匪宣传"的罪名起诉雷震。

雷震案爆发时，胡适正在美国，得知消息后，他当日就致电行政院院长陈诚，批评国民党政府的不明智之举，表示政府畏惧并挫折反对党运动，必将蒙摧残言论自由之恶名。在西方人士心目中，批评政府与计划成立反对党，皆与叛乱罪名绝对无关。一旦对雷震冠以叛乱之罪，恐将贻笑世界。胡适建议遵循法律途径，"将此案交司法审判，一切侦审及审判皆予公开"。

1960年10月27日，费正清给《纽约时报》写信，认为对雷震的军事审判理由并不充分，雷震被快速宣判背后的事实是：雷震正在领导一个小型的反对党。

雷震案后，胡适回到台湾。胡适曾经力图调解反对派人士与国民党当局的关系。他一方面和反对党的人谈话，建议其推迟成立新党的时间，采取和平的态度，最好争取政府同情和谅解，不能将党变成台湾人的党。

1960年11月18日，胡适面见蒋介石。在谈了联合国大会和美国大选后，终于忍不住，谈起了雷震案。针对官方表示"深知"雷震案不良影响的姿态，胡适书生气十足地向蒋介石表示："政府决不会'深知'"，三十一年的量刑，辩护律师只有一天半的时间查卷，只开了八个半钟头的庭，"这是什么审判？"胡适向蒋介石说："我在国外，实在见不得人，实在抬不起头。"

在面见蒋介石后，胡适本期待着复审会有较长的时间，会有切恰的结局，不料雷震仍被判刑十四年。对雷震案重审的结果，面对中外记者，胡适只有六个字："大失望，大失望！"

胡适与蒋介石

胡适与蒋介石的关系，在胡适晚年时热络起来。

1948 年，是国民党结束训政时期而转入宪政时期的关键，各种竞选活动纷纷登台。有关李宗仁参加总统竞选活动的消息公布后，胡适写信给他表示祝贺，"第一虽只有一个，还得要大家加入赛跑，那个第一才是第一。"结果，李宗仁回信，邀请胡适也去参加"赛跑"，以充分表现民主的精神。而 3 月底，国民大会开幕时，蒋介石竟然不准备参加赛跑了，要让胡适担任总统，他自己担任行政院院长。胡适在日记中承认"这是一个很聪明、很伟大的见解"，他也承认蒋是很诚恳的，但他自己无此勇气。

对此，胡适的态度是反复游移的。在跟王世杰、周鲠生两位交流后，他先是勉强答应，只是声明：请先考虑更适合的人选，其次，如有阻力，请立即取消此建议之事。第二天，胡适又去声明取消头一天的决定。三天后，蒋在国民党中央执行委员会临时全会上，表示不参加总统竞选，提议国民党应推举一个无党派人士为总统候选人，但多数国民党人对此持反对态度，结果仍是推蒋做总统候选人。至此，胡适才终于从这种尴尬的局势中得救了。

几天后，蒋介石请胡适吃饭，又请他出面组党。胡适表示，自己不配组党，但他建议，国民党最好分化作两三个政党。10 月底，蒋介石约胡适吃饭。胡适谈了一大堆逆耳之言，其中有"必须认错，必须虚心""国军纪律之坏是我回国后最伤心的事""经济财政改革案实有大错误，不可不早早纠正"，等等。

1951 年 5 月底，胡适花了两天的时间给蒋介石写了一封长信，信中谈到政党问题，认为应该允许"国民党自由分化，分成几个独立的新政党"，而其前提条件是"蒋先生先辞去国民党总裁"。迟至10月中旬，朋友才从台湾带来蒋介石的亲笔回信："尊函所言宪法问题，党派问题，以及研究匪情，了解敌人等问题，均为目前急务。然非面谈不能尽道其详。故望驾回之心更切也。"蒋介石殷切希望胡适尽快回到台湾。胡适虽然知道这是一封非常客气非常尊重的信，但他在日记里记道："党派问题，我的见解似不是国民党人所能了解，似未有进展。"

1953年1月的一天，蒋介石又请胡适吃晚饭。胡适表示，台湾今日实无言论自由，"无一语批评蒋总统"。胡适表示，宪法只许总统有减刑与特赦之权，绝无加刑之权。而总统屡次加刑，是明显的违宪，然整个政府无一人敢向蒋介石说明这个道理。

1956年10月31日，蒋介石七十寿辰。《自由中国》出了一期祝寿专号，刊登胡适、雷震、徐道邻、徐复观、毛子水、陶百川、蒋匀田等所作献议祝寿的十多篇文章。胡适文章的题目是《述艾森豪总统的两个故事给蒋总统祝寿》，叙说艾氏任哥伦比亚大学校长时，自知无专门知识，而大胆信任各部门负责人；当总统以后，遇自己一时无法决断的事，不轻易下断语，而签"可""否"两个批件，请副总统尼克松挑一个。胡适说："我们宪法里的总统制本是一种没有行政实权的总统制，蒋先生还有近四年的任期，何不从现在起试试古代哲人说的'无智、无能、无为'的六字诀，努力做一个无智而能御众智，无能无为而能御众势的元首呢？"胡适的"三无"总统论，被反驳者称为"不反共，不革命，不负责；无领袖，无国家，无政府"。

根据 1946 年颁布的中华民国宪法,总统任期六年,可连选连任一次。自 1948 年担任总统一职以来,蒋介石的两任任期将在 1960 年期满。对于蒋能否突破宪法的限制性规定,连选连任第三届总统的问题,国民党内意见分歧。有的主张通过修改宪法,取消"一次"的连任限制,有的主张以"动员戡乱时期临时条款",来解释蒋介石的三度连任。胡适则坚决站在维护宪法的立场上,反对蒋三度连任总统。

1959 年 11 月间,胡适请张群转告,劝蒋不要做第三任总统,并全力支持继任者。胡适指斥国民党方面的"劝进"电报"对蒋先生是一种侮辱;对国民党是一种侮辱;对我们老百姓是一种侮辱"。胡适反复申说,"我只是凭我自己的责任感,尽我的一点公民责任而已"。此时,胡适对蒋的最大希望,是他给国家树立一个"合法的、和平的转移政权"的榜样。他呼吁蒋公开宣布不再连任第三任总统。

然而,对于蒋介石而言,他并没有胡适那样严正的宪法观念。他考虑的是,他本人对所谓的"反共复国"负有不可推卸的责任,因此,蒋自然地当上了第三任总统。

雷震案中,胡适与蒋介石关系的裂痕更加扩大,两人之间,几乎发生了面对面的争执。胡适为雷震被捕一事,向蒋陈述这一事件可能造成的恶劣的国际影响。蒋介石则说了很重的话:"胡先生同我向来是感情很好的。但是这一两年来,胡先生好像只相信雷儆寰,不相信我们政府。"胡适重复了他在解放军渡长江时对蒋说的话:"我愿意用道义力量来支持蒋介石先生的政府。"另一方面,他向蒋表达了这样的态度:"十年前总统曾对我说，如果我组织一个政党，他不反对，并且可以支持我。总统大概知道我不会组党的，但他的雅量，我至今不忘记。我今天盼望的是：总统和国民党的其他领袖能不能把那十年前对我的雅量分一点来对待今日要组织一个新党的人?"显然，蒋介石并不具有胡适所希望的那种雅量。

胡适，一个学者，一个文化领袖；蒋介石，一个军人，一个政治领袖，他们有着很好的私人情谊，但在政治理念层面，他们之间似乎永无沟通的可能。

身前身后

回到台湾后，胡适身边固然热闹非凡。他俨然成了献花祝寿的主角，"花边新闻"的采访对象，但晚年胡适仍摆脱不了孤寂、忧愤，心脏病的发作也一次比一次严重。

1962 年 2 月 24 日，胡适赴南港"中央研究院"主持院士会议。上午，主持选出七位新院士。中午、下午，参加了午餐、酒会。本来胡适兴致颇高，但谈到他因演说引起"围剿"时，不免有情绪上的激动，尽管他表示是"小事体"，自己挨骂"代表了自由中国的言论自由和思想自由"，酒会结束时，胡适还是因心脏病发作倒下了，并再也没有起来。

《自由中国》停刊后不到半年，胡适也去世了。

胡适安葬于台北南港旧庄墓园。

胡适身前，固然已是名满天下；身后，也在台湾享尽哀荣。胡适去世后，蒋介石挽胡适的挽联是："新文化中旧道德的楷模，旧伦理中新思想的师表。"

四、交谊与婚恋

"我的朋友胡适之"

胡适虽是一代大学者，但为人和蔼，家中周末常有各色人等往来，随着事业的发展，朋友也越来越多。他的朋友当中，有学生时代的同学、工作中的同事，有出版商、编辑、企业家、小贩，有外国政治家、外交家、传教士、汉学家等，人们以说"我的朋友胡适之"为荣。

胡适在澄衷学堂时的同学，有政治学家张慰慈。在中国公学时期的朋友有许怡荪、任鸿隽、朱经农、杨杏佛，还有他的老师王云五。

康奈尔时代是"胡杨任梅"时代。杨杏佛、任鸿隽、梅光迪是胡适这个时期商讨文学革命的朋友，并与任鸿隽、陈衡哲夫妻维持着终生的友谊。任鸿隽无疑是胡适一生最亲密的朋友。两人的同学经历最长，任鸿隽是胡适中国公学时的同学，留美时期，两人都是在康奈尔、哥伦比亚大学留学。用今天的话说，两人是中学同学、大学同学、研究生时的同学。赵元任也是胡适在康奈尔大学读书时的好友。

胡适在哥伦比亚大学的朋友、校友则有蒋梦麟、徐志摩、蒋廷黻、张奚若、陈之迈等人。蒋梦麟曾在哥伦比亚大学研究院，师从杜威教授研究教育学，又长期主持北大校务，任职教育部，与胡适是事业上的好搭档。

英美派留学生构成了胡适最重要的朋友圈。当时的留学生，有所谓的留日派、留法派等等，相互之间有学术竞争，也有意气之争。而欧美同学会，则作为京津英美留学生的重要社团，聚集成了胡适的人际圈子。欧美同学会成立于1913年，是由蔡元培、詹天佑、顾维钧、颜惠庆等发起成立的。

胡适工作后，与北大同事也建立起了亲密友好的关系。北大同事蔡元培、蒋梦麟、陈独秀等都是胡适的知己。还有学生辈的傅斯年、毛子水、顾颉刚等，也和胡适保持着密切的往来。

胡适因编辑杂志，也拥有一批联系密切的朋友，如《新青年》时期的陈独秀、李大钊、鲁迅、周作人、高一涵、钱玄同、陶孟和等，《努力周报》时期的丁文江，《新月》时期的罗隆基、梁实秋、潘光旦、闻一多、徐志摩等人，《独立评论》时期的陈之迈、蒋廷黻、翁文灏、傅斯年、吴景超等，《自由中国》时期的雷震、殷海光、张佛泉等。

胡适还和一些学者就某些独特的学术话题保持着密切的学术交谊。如与胡适讨论《水经注》的王重民，与胡适探讨古史辨问题的顾颉刚，与胡适在美国论学谈诗的杨联陞，等等。

胡适也有一班出版界的朋友，如张元济、高梦旦、王云五、汪孟邹等。商务印书馆曾经邀请胡适主持编译所，但他认为，在北大是给自己做事，去商务是给别人做事，于是，他向商务推荐了重要的人才王云五，并替商务印书馆做了出版策划。亚东图书馆成立于1913年，是陈独秀帮助汪孟邹创办的。汪孟邹也是安徽人，因这两层关系，使胡适也与亚东图书馆结下了不解之缘。他的重要著作如《尝试集》《胡适文存》等，都由亚东图书馆出版。

胡适还和普通人交朋友。一个名叫袁瓞的卖芝麻饼的小贩，因对英美政治制度感兴趣，给胡适写信，也成了他的朋友，他不仅邀请这位小贩去"中央研究院"做客，还送书给他。

胡适不仅在学术上提携人才，还以自己相对优越的经济条件帮助他人。林语堂留学美国哈佛大学期间，经济上遇到困难，想起自己出国前与北大约定过回国后去北大工作，就跟胡适联系，希望通过他从北大借支 1000 美元。这也是病急乱投医，但令他喜出望外的是，这笔钱居然汇来了。读完硕士学位，林语堂转赴德国莱比锡大学念博士。他又通过胡适，向北大借支 1000 美元，钱也如数收到了。回国后，林语堂去北大向蒋梦麟校长表示谢意，蒋才告诉他，那钱根本不是北大的公费，而是胡适个人垫支的。

胡适有广泛的人际关系，在于他有宽以待人的性情。他名满天下，有时也会骂声浇头。杨杏佛是他在中国公学、康奈尔大学时的同学，两人关系不错，但也有一些性格、做事风格、政见上的差异。一次，报纸上登载了杨杏佛指责胡适的话，记载多有歪曲，如称胡适是"走江湖的博士"，自称不谈政治而又大谈而特谈政治、头一天谈共产第二天就不谈、一会儿觉得三民主义很好一会儿又突然骂起国民党来，等等。杨见报后，感觉自己的原意被歪曲，于是去信解释，胡适回信表示不会因此介意，他说："我受了十余年的骂，从来不怨恨骂我的人。有时他们骂的不中肯，我反替他们着急。有时他们骂的大过火了，反损骂者自己的人格，我替他们不安。如果骂我而使骂者有益，便是我对于他有恩了，我自然很情愿挨骂。如果有人说，吃胡适一块肉，可以延寿一年半年，我也情愿自己割下来送给他，并且祝福他。"也许胡适上述文字有夸张嫌疑，但他宽和的性格是人所共知的。

胡适长于"表现"。胡适相信一句格言："你若想把平时所得的印象感想变成你自己的，只有表现是最有益的方法。""表现"包括作文、演说、谈话、辩论、笔记之类。在这一点上，胡适确实是身体力行的。他大学时期，就以演讲闻名，而且因此得奖学金。他也鼓励年轻人表现自己，经常为他们的论著作序文。

胡适纪念馆馆长黄克武曾经总结了胡适日常生活中的"四多"现象：客人太多、演讲太多、宴会太多、兴趣太多。胡适家中就是聚会场所，常年向朋友开放，人们聚集在他家里谈人生谈学问。胡适喜欢钻研演讲技巧，中英文演讲都引人入胜。胡适常有应酬，日记当中有很多吃饭记录，这也许是中国文人生活的特色吧。胡适兴趣驳杂，人文学科的方方面面都有涉猎，但多只有开创提倡之功，而专深系统的研究不足。

五四时代，胡适曾是青年学生的精神领袖，但随着时代变迁，青年学生趋向于激进化，胡适的影响也趋于式微。一个明显的标志是，他上课的教室，越来越小。青年学子越来越觉得他落伍了。不过胡适以师长的身份，一直对青年学生爱护有加。晚年在台湾，他也多次对青年学生发表演讲，谈治学方法，谈为人处世。例如1960年，胡适在台南成功大学做了一场演讲，对于将要离开大学走向社会的学生，胡适曾送学生们一个"防身药方"，这个药方有三味药：即"问题丹""兴趣散""信心汤"。"问题丹"是希望学生离开学校后也不忘研究问题，不要抛弃学问，不要因为吃饭生计，而不求学问进步。"兴趣散"是希望学生培养职业以外的兴趣，使生活更有情趣、更快乐。"信心汤"是希望学生培养自信心，相信"努力不会白费"。这些都是一些寻常的道理，但展现了胡适诲人不倦的姿态。

婚姻与情感

胡适自己曾说："吾于家庭之事，则从东方人；于社会国家政治之见解，则从西方人。"确实，胡适对待自己婚姻、家庭的态度是比较传统的。

胡适在上海读书时，母亲就为他订了婚。未婚妻江冬秀是旌德县江村人，离胡适的家只有几十里路。两人婚前未见过面，是双方家长做主订的婚。江比胡适还大几个月，但据说两人八字相合，也就被当成好姻缘了。

直到留学时期，胡适在婚姻恋爱问题上的态度仍是较为保守的。他曾经认为，中国式的婚姻比西方式的婚姻更有优越性。西方自由婚姻之罪在于"堕女子之人格，驱之使自献其身以钓取男子之欢心者"，而中国式婚姻的爱情是因名分而生的，"向之基于想象，根于名分者，今为实际之需要，亦往往能长成为真实之爱情"。其次，他认为知识上的相知相通，不一定要在夫妻关系中求得，也可在朋友中求得。若以知识平等为条件，自己恐怕得终身鳏居。

留学期间，胡适结交了两位重要的异性朋友，这就是韦莲司与陈衡哲。韦莲司是康奈尔大学一位教授的女儿。胡适曾在日记中作自我分析，留学期间，自己在知识上的进步很大，但在感情交往上却裹足不前。第一次去女子学院见韦莲司，也被他当成重要的事件详细记入日记。胡适在日记中谈到韦莲司时，这样表达自己的感受："女士见地之高，诚非寻常女子所可望其肩背。余所见女子多矣，其真能见思想、识力、魄力、热诚于一身者惟一人耳。"韦莲司富有思想，读了很多书，出身于富裕人家，但不修服饰，在胡适眼中是一位高洁近于"狂狷"的女子。两人的情谊，维持了大半生。也是通过同韦莲司的交往，胡适在婚恋问题上的态度有了较大的转变，更多地审视了自己婚姻的缺陷，曾为此向母亲抱怨过自己的婚事。

陈衡哲也是留美学生，她本人曾抱定的是不婚主义的宗旨。胡适在留学生朋友圈子里谈文学革命的时候，最能理解他的就是陈衡哲。她甚至做了若干白话诗来支持胡适的白话事业。陈衡哲后来与一位科学家任鸿隽结了婚。

虽然胡适的感情世界，在留学生时代就曾泛起过若干涟漪，但他最后还是服从了母亲的安排。1917 年 12 月，胡适回到家乡结了婚。这时候，胡适已经是留学美国的新派人物了，但妻子却是地道的农村妇女，两人之间的差距是很明显的。订婚 15 年，推迟婚期 9 年，而未婚妻江冬秀随侍他母亲左右，这使胡适对江冬秀有歉疚之心。为了不违背母亲的心愿，他与江冬秀结婚了。这一年，胡适已经 27 岁，江冬秀还比他大几个月，在当时两人确实是大龄青年了。

胡适的《病中得冬秀书》诗中有这么两句，"岂不爱自由？此意无人晓：情愿不自由，也是自由了。"这就是胡适对待自己婚姻的态度。胡适称赞婚姻自由，但自己却陷在不自由的婚姻围城中，维持了一辈子。

胡适的婚姻是幸福还是不幸？胡适是属兔的，江冬秀是属虎的，表面上，小兔子当然怕母老虎了。但实际上，我们还是感受到，胡适至少得到了那份他所描绘的那种因名分而来的"感情"。

胡适在诗歌里描写他和江冬秀的冲突："他干涉我病里看书，常说，你又不要命了。我也恼他干涉我，常说：你闹，我更要病了！"前一句，实际表达的是妻子对丈夫的关爱之"情"，当然，是用不太动听的话表达出来的。后一句，是丈夫对不能夫唱妇随、琴瑟相和的妻子之不领"情"。但这种干涉、反抗，往往不就是人们日常生活中的夫妻之情吗？

胡适认为他在这个旧婚姻中得了便利，这就是，人们对他的道德修养给予了高度评价。

韦莲司比胡适大五岁，两人更多的是知性伴侣。而胡适的另一位情侣，则是比他小好几岁的曹诚英。她是他结婚时的伴娘。两人之间的感情更为缠绵悱恻。1923年夏秋之间，胡适到杭州疗养。当时，曹诚英正在杭州念书。在杭州烟霞洞，两人度过了一段看花、下棋、谈天、散步的悠闲时光。胡适的诗是那段感情的写照，"山风吹乱了窗纸上的松痕，吹不散我心头的人影"。

胡适夫妻育有三个孩子。长子祖望，出生于1919年3月，早年就读于西南联大，后留学美国康奈尔大学，定居美国。次女素斐早夭。最小的儿子思杜，生于1921年12月，1949年后留在中国大陆，在1957年反右运动中自杀。

第2章

文化功业：古今中西之间

　　鸦片战争以来，古老的中华文明面临着西方文明的全面挑战。从魏源的"师夷长技以制夷"，到张之洞的"中学为体，西学为用"，先进的中国人在睁眼看世界的过程中，逐渐对西方文化采取了容纳的姿态。而胡适，则是中西文化交流进入观念层面后，最具代表性的思想人物。他的文化思想，在相当大的程度上影响了中国现代文化的走向。

一、文学革命与白话文运动

　　胡适在《介绍我自己的思想》中自我评价在中国文学革命运动上的"一点点贡献"时，这样总结了三条："我指出了'用白话作新文学'的一条路子"；"我供给了一种根据于历史事实的中国文学演变论，使人明了国语是古文的进化，使人明了白话文学在中国文学史上占什么地位"；"我发起了白话新诗的尝试"。当然，这一点点贡献，奠定了现代中国文化的根基。

文学革命论

晚清时期，维新知识分子就曾倡导"文界革命""诗界革命""小说界革命"，提出"白话为维新之本"，探索革新传统文学。梁启超等强调文学的社会政治功能，积极主张俗语的文学、言文合一。他们特别重视小说的社会作用，将革新小说看作革新社会、开通民智的途径。在这种革新思潮的影响下，晚清小说、诗歌、散文在形式与内容上都有程度不同的革新，表现出强烈的爱国主义、民主主义色彩，出现了谴责小说、近于民歌的新诗体、梁启超式的政论体散文等。

民国成立后，文化领域弥漫着复古风气，尊孔读经之风也日益昌炽。晚清以来较具进步性的通俗白话小说也已失却其社会批判色彩。有识之士多感政治革命之失败，思想革命之必要。

1916年4月5日，胡适运用进化论更为全面、深入地研究中国文学体裁的发展变迁，初步形成了文学进化论的思想。胡适认为："文学革命，在吾国史上非创见也。即以韵文而论，《三百篇》变而为《骚》，一大革命也。又变为五言，七言，古诗，二大革命也。赋之变为无韵之骈文，三大革命也。古诗之变为律诗，四大革命也。诗之变为词，五大革命也。词之变为曲，为剧本，六大革命也。"

1918年4月，胡适在《新青年》4卷4号发表《建设的文学革命论》，将其全部的文学主张归纳为"国语的文学，文学的国语"，要通过文学奠定以白话为国语、白话文学为文学正宗的地位，替中国创造一种"国语的文学"。

胡适首先提出，中国历史上有价值的文学，都带有"白话性质"。语言文字的性质在于达意表情，死文言往往滥用典故，无法鲜活地达意表情，因而产生不了活文学。中国若想有活文学，必须用白话，必须用国语，必须做国语的文学。

　　针对必须先有标准的国语，才有国语的文学的看法，胡适认为，不能单靠语言学专家或几本国语教科书、国语字典来制定标准国语，"我们今日要想重新规定一种'标准国语'，还须先造无数国语的《水浒传》《西游记》《儒林外史》《红楼梦》"，"中国将来的新文学用的白话，就是将来中国的标准国语。造中国将来白话文学的人，就是制定标准国语的人"。

　　胡适研究后认为，欧洲各国的国语史便是从拉丁文解放出来的历史，也是文学家们用土语创作的历史。意大利的标准国语来自但丁"神圣喜剧"中的白话，英国伦敦附近的"中部土话"，因有了大文学家赵叟、威克列夫的作品，成为英国的标准国语。中国千年来虽有零星的白话文学，但"都是不知不觉的自然出产品，并非是有意的主张"。因为没有"有意的主张"，所以做白话的只管做白话，做古文的只管做古文，做八股的只管做八股；因为没有"有意的主张"，"所以白话文学从不曾和那些'死文学'争那'文学正宗'的位置"。因此，目前的主要任务就在于"有意的主张"白话。

　　显然，胡适放弃了温和的"文学改良"的提法，接受了"文学革命"论的观点。《谈新诗》中，胡适还区分了文学的自然进化与文学革命，不用有意地鼓吹、促进，随自然趋势逐渐实现，便是自然进化。但自然趋势有时被人类的习惯守旧性所阻碍，必须用有意的鼓吹去促进其实现，这便是文学上的革命了。

文学革命意味着创造新文学。创造新文学必须把握工具、方法。白话是创造新文学的工具，准备工具则需要多读模范的白话文学，并用白话做各种文学。创造新文学的方法则需要掌握收集材料的方法、结构的方法、描写的方法。收集材料方面，要推广材料的覆盖区域，"今日的贫民社会，如工厂之男女工人、人力车夫、内地农家，各处大负贩及小店铺，一切痛苦情形，都不曾在文学上占一位置"，这些都可作为文学的材料。收集材料之外，还应注重实地的观察和个人的经验，要用周密的理想作观察经验的补充。结构是指要讲究剪裁和布局。描写则涉及写人、写境、写事、写情。写人写境要有个性的区别，写事要线索分明，近情近理，写情要细腻婉转，要淋漓尽致。胡适强调要多采用西洋的文学方法，如欧洲戏剧就有"问题戏""象征戏""心理戏""讽刺戏"，等等，要多翻译西洋名著做榜样。这样，待工具用得纯熟，方法也懂得，才可创造中国的新文学。至于如何"创造"，胡适自认为"还不配开口"。

胡适强调，古文学的共同缺点就是不与一般的人生出交涉。文学有两个主要分子：一是"要有我"，二是"要有人"。前者是要表现著作人的性情见解，后者意味着要与一般的人生出交涉。如果不能与一般的人生出交涉来，故仍旧是少数人的贵族文学，仍旧免不了"死文学"或"半死文学"的评判。

文学进化论

"历史的文学进化观念"，是胡适倡导文学革命论的理论基础。

胡适所谓的文学进化观念包含着四层意义：其一，文学乃是人类生活状态的一种记载，人类生活随时代变迁，故文学也随时代变迁，故一代有一代的文学；其二，每一类文学都是从"极低微的起源"，逐渐进化到发达的地位，这也是摆脱束缚、力争自由的历史；其三，文学的进化，会留下一些一个时代无用的纪念品，这就是"遗形物"；其四，某种文学进化到一定程度会停步不前，直到与他种文学接触，有比较，受影响，吸收别人的长处，才有继续的进步。

胡适用进化的观念描绘中国文学史，提出其双线文学论。他把汉朝以后到现代中国文学的发展，分成"并行不悖的两条线"。一条线上的作家，主要是御用诗人、散文家、太学里的祭酒、教授和翰林学士、编修，等等。其作品主要是仿古的文学，半僵半死的古文文学。另一条和它平行发展的线，即由数不尽的无名艺人、作家、主妇、乡土歌唱家在千百年无穷无尽的岁月里，发展出的"以催眠曲、民谣、民歌、民间故事、讽喻诗、讽喻故事、情诗、情歌、英雄文学、儿女文学等等方式出现的活文学"，再加上后来的短篇小说、历史评话，和更晚出现的更成熟的长篇章回小说等等。由民间兴起的生动的活文学，和僵化了的死文学，双线平行发展。

双线文学观，实质上是对传统的精英文化、典籍文化的大胆挑战，而赋予民间下层文化极高的地位。

胡适还从文学进化的角度研究中国诗歌的发展。1919 年 10月，他在《星期评论》发表《谈新诗》，将中国诗的演变看成一个诗体的进化、诗体的解放过程。从《三百篇》的"风谣体"，到南方的骚赋文学，是一次解放；从骚赋体到汉以后的五七言古诗，是二次解放。从五七言诗体，变诗为词，是三次解放。近来的新诗，"不但打破五言七言的诗体，并且推翻词调曲谱的种种束缚；不拘格律，不拘平仄，不拘长短；有什么题目，做什么诗；诗该怎样做，就怎样做"，这是第四次的诗体大解放。这种解放，是《三百篇》以来的自然趋势。

胡适还用进化的观念，研究了中国的戏剧变迁与改良。西方戏剧虽然早在清末即以"文明戏""新剧"的形式传入中国，但统治中国戏曲舞台的仍是传统旧戏。1918 年 10 月，《新青年》开辟"戏剧改良专号"，对此进行讨论。胡适在《文学进化观念与戏剧改良》一文中指出，从昆曲到近百年以来的"俗戏"，是中国戏剧史上的革命。"俗戏"中的京调，已经成为中国戏剧最通行的剧种，但目前的戏剧没有摆脱种种旧戏的恶习惯。还保留着脸谱、嗓子、台步、武把子、唱工、锣鼓、马鞭子、跑龙套等种种"遗形物"。在中国历史上，从六朝到唐，从西域各国输入的音乐、歌舞、戏剧很多，现在更有西洋戏剧作直接的比较参考，应扫除旧的"遗形物"，采用西洋的新观念、新方法、新形式。胡适尤其批评中国传统戏曲的弊端在追求"团圆迷信"而缺乏"悲剧观念"，对白拖沓，节奏缓慢，不讲剪裁而无"文学经济"的观念，表现手法粗笨做作，低级趣味，守旧，等等。而能使中国传统戏剧从"老性""暮气"中拯救出来的方法，就是借用"少年血性"的西方戏剧，使之返老还童。

胡适"用进化的方法"来研究文学，从生物进化论引申到文学进化论，是否完全立得住脚，在学术上是可以存疑的。但是，胡适确实开创了中国现代文学的主流，这是不可否认的。

二、胡适与整理国故

在当代中国，"国学"一度成为显学，这体现了人们重新正视文化传统的一面。

整理国故的意义与方法

胡适最初谈论国故，主要视其为学术问题。1919 年 8 月，胡适在答毛子水的信中，初步阐述他关于研究国故的基本看法。他提出研究国故的学术性和运用科学方法的必要。他强调，研究国故，出于人类求知的天性，不应当先存有用还是无用的成见。他强调学问是平等的，学术是非功利性的，学问不应以狭义的功利观念来衡量。

1919 年 11 月，在《新思潮的意义》一文中，胡适提出了"整理国故"的口号，认为中国的一切过去的文化历史，都是我们的国故，整理国故就是要从乱七八糟里寻条理脉络，从无头无脑中寻前因后果，从胡说谬解里面寻真意义，从武断迷信里寻真价值。他提出的口号是："研究问题，输入学理，整理国故，再造文明。"也就是说，胡适提出"整理国故"，是为再造文明服务的。

胡适还提出要分清国粹与国渣，"保存国粹"之前，先要知道什么是国粹，什么是国渣。他强调先须用评判的态度，科学的精神，去做一番整理国故的功夫。所谓评判的态度，就是"重新估定一切价值"。

1920 年暑假，在南京讲学期间，胡适讲了《研究国故的方法》。他提出四个方法："历史的观念""疑古的态度""系统的研究"和"整理"。至于如何整理国故，第一步是有条理系统地整理；第二步是寻出每种学术思想的前因后果；第三步是用科学的方法做精确的考证，弄清古人的真意义；第四步是综合，"各家都还他一个本来真面目，各家都还他一个真价值"。

1923 年 1 月，北大《国学季刊》创刊，胡适担任编辑委员会主任。胡适在发刊宣言中，把过去三百年的国学研究的成就归为三项：版本学、训诂学、校勘学的"有系统的古籍整理"，发现和翻刻古书，考古。他批评近三百年来国故研究"研究范围太狭窄""太注重功力，而忽略了理解""缺乏参考比较的材料"，因此"这样近三百年来，几乎只有经师，而无思想家；只有标史者，而无史家；只有校注，而无著作"。他提出复兴与提倡国学研究的三条主张：用历史的眼光来扩大国学研究的范围；用系统的整理来部勒（整理）国学研究的资料；用比较的研究来帮助国学的材料的整理与解释。

胡适还开列了一个"理想中的国学研究"的系统，"中国文化史：一民族史，二语言文字史，三经济史，四政治史，五国际交通史，六思想学术史，七宗教史，八文艺史，九风俗史，十制度史。"自从胡适号召整理国故后，整理国故蔚然成风，对中国传统小说、古代史的研究有了长足的进步。

胡适的宣传引起了古史研究热，顾颉刚就是其中的佼佼者。1921 年 1 月胡适致书顾颉刚说："宁疑古而失之，不可信古而失之。"他提倡的在古史研究中的疑古精神，极大地触动了顾颉刚。1923 年，胡适编的《读书杂志》发表顾颉刚的

《与钱玄同先生论古史书》，提出对中国古史的怀疑，认为古史是"层累地造成的"，黄帝、尧、舜、禹都是后人编造出来的，靠不住。顾的观点引起了历时九个月的有关古史的讨论。胡适肯定了顾的怀疑态度，称此为"今日史学界的一大贡献"，并将其归纳为"用历史演进的见解来观察历史上的传说"，"古史上的故事没有一件不曾经过这样的演进，也没有一件不可用这个历史演进的（evolutionary）方法去研究。尧舜禹的故事，后稷的故事，文王的故事，太公的故事，周公的故事，都可以做这个方法的实验品"。

顾颉刚也将自己在古史辨伪上的贡献归因于胡适的影响："要是适之、玄同两先生不提起我的编集辨伪材料的兴趣，奖励我的大胆的假设，我对于研究古史的进行也不会这般的快速。"

胡适曾给青年学生开了一个"最低限度"的国学书目，多达158种，上千册书。《书目》在当时的报刊中广为转载。《书目》所列之书范围极广，经学、理学、子学、佛典、文学，应有尽有。胡适希望因此让普通青年人得到一点系统的国学知识。与胡适不同的是，鲁迅在应《京报》副刊的要求开列青年必读书时，表示"从来没有留心过，所以现在说不出"，但他肯定"我以为要少——或者竟不——看中国书，多看外国书"。

由于胡适这样的新文化领袖的倡导，国故一度泛滥起来。上至名人教授，下至中小学生，也都加入了整理行列。

对于胡适等人倡导的"整理国故"，陈独秀持不以为然的态度。陈认为，称"国故"或"中国学"尚可，而不可称为"国学"，胡适等人不过是在"粪秽中寻找香水"。对于陈独秀批评他挤香水，胡适辩解道："我们说整理国故，并不存挤香水之念；挤香水即是保存国粹了。我们要整理国故，只是要还他一个本来面目，只是直叙事实而已，粪土与香水，皆是事实，皆在整理之列。"他在致钱玄同的信中，将整理国故视为治疗思想界膏肓之病的"泻"法，"'法宜补泻兼用'：补者何？尽量辅人科学的知识、方法、思想。泻者何？整理国故，使人明了古文化不过如此。"

国故热过头，胡适也有所反思。1928 年 9 月，胡适撰《治学的方法与材料》，向少年朋友们提出警告。他提醒说："现在一班少年人跟着我们向故纸堆去乱钻，这是最可悲叹的现状。我们希望他们及早回头，多学一点自然科学的知识与技术，那条路是活路，这条故纸的路是死路。"他"披肝沥胆"地向人们告白说：他之所以要"整理国故"，是因为相信"烂纸堆里有无数的老鬼，能吃人，能迷人，害人的厉害胜过柏斯德发现的种种病菌"，因而他要"用精密的方法考出古文化的真相，用明白晓畅的文字报告出来，叫有眼的都可以看见，有脑筋的都可以明白。这是化黑暗为光明，化神奇为臭腐，化玄妙为平常，化神圣为凡庸"。胡适认为这就是"重新估定一切价值"，这就是"捉妖"和"打鬼"，"可以解放人心"。

除提出整理国故的理论与方法外，胡适还在实践上整理国故，并有丰硕的成果。

中国哲学史研究

《中国哲学史大纲》是胡适整理国故的心得。留学哥伦比亚大学期间，胡适师从杜威，系统学习过欧洲哲学史，并完成了博士论文《中国古代哲学方法之进化史》（今译《先秦名学史》）。回国后，他以博士论文为基础，完成了《中国哲学史大纲》（上卷），于1919年2月出版。

长期以来，人们对中国古史的叙述，多从三皇五帝开始。胡适的书不同于中国传统治学的论述方法，撇开三皇五帝尧舜汤禹的传说，径直"从孔子、老子"讲起，这在学术界引起了相当大的震动。

蔡元培在《中国哲学史大纲》的"序"中谈到，编中国古代哲学史的难处，一在于处理材料，需要以考据的"汉学"工夫加以辨伪整理，一在于缺乏系统的记载，不能不"依傍西洋人的哲学史"作研究形式上的处理。胡适兼有汉学功底及学习西洋哲学的基础，才能胜任这一具有挑战性的工作。胡适著作的创新性体现于"证据方法""扼要的手段""平等的眼光""系统的研究"等方面。

顾颉刚、冯友兰皆谈到胡适的哲学史研究对他们的震动，那就是，胡适解决了研究者被经典注疏汪洋淹没的问题。余英时则称赞《中国哲学史大纲》为"一部建立'典范'的开风气之作，而同时又具有'示范'的作用"，胡适的书所提供的，"并不是个别的观点，而是一整套关于国故整理的信仰、价值和技术系统"。

而梁启超和胡适之间，则围绕着这本书，有过一场学术交锋。1922年3月4日、5日，梁启超一连两天，在北大第三院大礼堂演讲《评胡适的〈中国哲学史大纲〉》。梁启超一方面称赞胡适书中所表现出的敏锐的观察力，缜密的组织力，大胆的创造力，也同时批评该书的缺点，一是把思想的来源抹杀得太过，"我们读了胡先生的原著，不免觉得老子、孔子是从天上掉下来了"。其次是"疑古太过"，不相信春秋以前的书。而梁对此书总的印象则是"凡关于知识论方面，到处发见石破天惊的伟论，凡关于宇宙观人生观方面，什有九很浅薄或谬误"。

胡适在演说结束时，除感谢梁启超的批评外，表示，中国哲学史正在草创时期，"观点不嫌多"，然后用柏拉图的说法，表示"述学"艰难，另外，称赞了梁启超谈到中国古代哲学衰亡的原因的两个有创见的观点，即"秦汉之际思想由奔湍变为大湖泊""平原民族性爱中庸而厌极端"。

至于两人观点的不同，胡适表示自己的立场，是作"魔鬼的辩护士"。他说："欧洲中古时代，教会中讨论一个神学问题时，于护法的主张之外，常设一个'魔鬼的辩护士（advocatus diaboli）'代表反对的论调。平常人所认为的黑暗的中古欧洲，尚能不没煞反对的论调，何况我们今日呢？因此，我觉得孔子的学说受了二千年的尊崇，有了那么多的护法神了，这个时候，我来做一个小小的 advocatus diaboli，大概也还可以罢？"

梁启超批评胡适"时代观念太分明"，胡适不但承认，而且认为自己"这部书的特点，一是时代分明，二是宗派分明"。最后，胡适总括地指出："我希望多得许多不同的观点，再希望将来的学者多加上考虑的工夫，使中国哲学史不致被一二人的偏见遮蔽了。梁先生今天的教训就是使我们知道哲学史上学派的解释是可以有种种不同的观点的。"

梁启超、胡适有关《中国哲学史大纲》的学术交锋，展现了两位学术大师的襟怀。梁启超是言无不尽，胡适是闻者足戒。梁启超其实道出了胡适研究的方法论上的意义，但对他具体的观点、结论则作了不客气的批评。胡适也从梁启超的批评中承认了梁启超的贡献，而且强调了学术自由、学术争鸣的价值。

1934年，胡适完成了五万余字的《说儒》，以新的眼光和视角对儒学的产生、发展、流变作了颇有创见性的论述。

在胡适的计划中，系统的中国哲学史还应包括《中国中古思想史》《中国近世思想史》。中古哲学，他研究了道家、儒家、墨学、佛教的输入与演变，先后完成了《中国中古思想史长编》《中国中古思想小史》。近世哲学方面，他以戴东原哲学研究为中心，发表了《戴东原在中国哲学史上的位置》《戴东原的哲学》《几个反理学的思想家》等文字，探讨了清代学术对宋明理学的反动的特点。不过，他对整个中国哲学的系统研究并没有完成。

胡适认为，哲学是研究人生切要问题而寻求根本解决的学问，"若有人把种种哲学问题的种种研究法和种种解决方法，都依着年代的先后和学派的系统，一一记叙下来，便成了哲学史"。研究哲学史的方法在"明变""求因""评判"。"明变"意味着依时间先后，概括性地研究各家学说传授的渊源、交互的影响、变迁的次第；"求因"则是考究各家学派兴废沿革变迁的原故；"评判"要求用完全中立的眼光、历史的观念，探讨各派学说的效果、影响，并依此评价各家学说的价值。

胡适对哲学史的研究，主要是知识史与思想史的梳理，但他否认哲学本身的价值。在1929年6月的一次学术演讲中，胡适预言哲学的未来是消亡。在他看来，过去的哲学只是幼稚的、错误的或失败了的科学。过去的哲学流派只可在人类知识史与思想史上占一个位置，将来只有一种知识，即科学知识，只有一种知识思想的方法，即科学实验的方法，科学不能解决的，哲学也休想解决。故哲学将自然消灭，成为普通思想的一部分。

在中国哲学研究领域，胡适的研究剥离了哲学与经学，自此，中国哲学研究脱离了经学而表现出其独立品格，但胡适几乎同时预告了哲学的死亡，这是与科学时代科学主义浪潮高过人文主义的文化环境分不开的。

明清小说研究

胡适整理国故的成绩，还包括他对中国古典白话小说的考证。

美国华裔学者周明之认为，胡适是研究明清小说的第一人，"吾每谓今日之文学，其足与世界'第一流'文学比较而无愧色者，独有白话小说一项"。

胡适认为，中国传统小说分两种，一类是由历史逐渐演变出来的小说，以《水浒传》为代表；一类是创造的小说，以《红楼梦》为代表。他对两类小说都做了有创见的研究。

胡适的《水浒传考证》认为《水浒传》是南宋末年到明朝中叶"梁山泊故事"的结晶。他用这种历史演进法考证《三国志》《西游记》《三国演义》，也获得了成功。他将这些小说的形成比喻为"滚雪球"："我们看这一故事在九百年中变迁沿革的历史，可以得一个很好的教训。传说的生长，就同滚雪球一样，越滚越大，最初只有一个简单的故事作个中心的母题（Motif），你添一枝，他添一枝，像个样子了。后来经过众口的传说，经过评话家的表演，经过戏曲家的剪裁结构，经过小说家的修饰，这个故事便一天一天的改变面目，内容更丰富了，情节更精细圆满了，曲折更多了，人物更有生气了。"他考证这些小说时还上溯到元代相应的戏曲剧目，指出这些小说有几百年的衍变史。

对《红楼梦》的考证是胡适以考证方法整理国故的典范。胡适之前的《红楼梦》研究，多流于牵强附会，被胡适称为"猜谜"。胡适在《〈红楼梦〉考证》中划定了《红楼梦》研究的正当范围。他说："我们只需根据可靠的版本与可靠的材料，考定这书的著者究竟是谁，著者的事迹家世，著书的时代，这书曾有何种不同的本子，这些本子的来历如何。这些问题乃是《红楼梦》考证的正当范围。"胡适的考证，也集中在"著者"和"版本"两个问题上。

通过艰难的搜求比对，胡适考证了曹雪芹的生平与家世，得出其是曹寅之孙，生于富贵，殁于穷潦的结论。以曹雪芹的生卒年代问题为例，1921年，胡适根据收集的证据，断定曹雪芹死于乾隆三十年左右（约1765年），大约生于康熙末叶（约1715~1720年），死时约五十岁。1922年5月，他得到《四松堂集》的原本，见敦诚挽曹雪芹的诗注"甲申"二字，又因诗中有"四十年华"的话，故修正结论为曹雪芹死在乾隆二十九年甲申，死时只有"四十年华"，年纪不能在45岁以上。假定他死时年45岁，他的生时应在康熙五十八年（1719年）。1927年，胡适得到脂砚斋评本《石头记》，其中有"壬午除夕，书未成，芹为泪尽而逝"的话。壬午为乾隆二十七年，除夕是1763年2月12日，他推测此日为曹雪芹忌日。

胡适通过对曹雪芹的研究，得出《红楼梦》是"自叙传"的结论，随后完成了《〈红楼梦〉考证》一书。他指出："《红楼梦》明明是一部'将真事隐去'的自叙的书。若作者是雪芹，那么，曹雪芹即是《红楼梦》开端时那个深自忏悔的'我'，是书里甄贾（真假）两个宝玉的底本！懂得这个道理，便知书中的贾府与甄府都只是曹雪芹家的影子。"

胡适也研究了《红楼梦》的版本，他发现最早的甲戌本是《脂砚斋重评石头记》，并运用其材料写出《考证红楼梦的新材料》，认为此本是海内最古的《石头记》抄本。他认真研究过的版本包括戚蓼生序本、程甲本、程乙本、甲戌本、庚辰本，等等。

在《红楼梦》的考证中，胡适尽力搜集材料，参考互证。仅为考证两个年代，就花了七年的时间，且仅得出初步的结论。胡适打破"牵强附会的《红楼梦》谜学"，开创"新红学"，将《红楼梦》研究引上正轨。不过，《红楼梦》是否即曹家家史、贾宝玉就是曹雪芹，今日的红学研究者也众说纷纭。

二十世纪二三十年代，胡适为《水浒传》《水浒后传》《红楼梦》《西游记》《三国演义》《三侠五义》《官场现形记》《儿女英雄传》《老残游记》《镜花缘》《海上花列传》《醒世姻缘传》等十多部古典小说写了几十万字的考证文章。

近百年红学研究，既吸引着严肃的学者，也吸引着非专业的爱好者。也许胡适的结论会被后人见仁见智地评论着，但他倡导的红学研究方法至少是科学的。

"考据癖"

继小说考证后，胡适养成了"考据癖"。撇开先入为主的成见，处处搜求证据，尊重证据，以证据为向导，寻求相应的结论，这是胡适考据功夫所在。

胡适研究中国禅宗史，确立了神会和尚在禅宗史上的地位。1926年，胡适在欧洲读敦煌卷子，在巴黎、伦敦发现《神会和尚语录》《菩提达摩南宗定是非论》《显宗记》，立志改写禅宗史。胡适的研究得出的结论是，大和尚神会事实上是禅宗的真正开山之祖，是《坛经》的原作者。

考证辨伪伴随着胡适的一生。胡适晚年致力于《水经注》的研究。《水经注》是一部著名的地理著作，北魏时郦道元所著，以记载河道水系为主线，广泛记录了山川地貌、动植物地理分布、矿产资源、自然灾害、政区建置、水陆交通、农田水利等地理概况。因成书年代久远，不但版本有残缺，更有因辗转抄刻而致的讹误、脱落。对《水经注》的订正、辑佚、校勘、注疏也就成了历代学者的一桩重要事业。清代学者全祖望、赵一清、戴震，即几乎同时致力于校勘《水经注》。戴震的成果与赵一清的成果多有雷同之处。到底是戴、赵不约而同地得出了近似的结论，还是戴震涉嫌剽窃，这成了清代学界的一桩疑案。魏源、杨守敬、王国维、孟森等都认为戴震抄袭。胡适本人十分尊崇戴震这位"反理学"的思想家，且戴震是他的同乡。从大使职位退下来的胡适，决定研究《水经注》，重审戴震《水经注》疑案。胡适花了近二十年收集整理相关史料，收集了四十多种《水经注》的版本，发表了大量考证文字，得出的结论是戴震未曾剽窃。

在总结自己的思想时，对于为什么提倡整理国故的问题，胡适说："我要教人一个思想学问的方法。我要教人疑而后信，考而后信，有充分证据而后信。""我要教人知道学问是平等的，思想是一贯的……有了不肯放过一个塔的真伪的思想习惯，方才敢疑上帝的有无。"

在具体实践上，胡适太爱国故了，《水经注》可以整理20年，神会和尚可以研究大半生。而在文化观上，他不免因其全盘西化的主张，对国故怀有虚无主义的态度，连"香水"也不肯挤，"古文化不过如此"，不肯承认优秀的文化传统对发扬民族感情的作用。但在中间层次的方法论上，胡适却把现代西方科学研究方法引入古老的传统文化的阵地，引起的是"范式性"的革命。这是胡适对"整理国故"最大的影响。

三、胡适与中西文化论争

中西之争，是近代以来思想史的一个重要话题。反映在清末，有洋务派与保守派之间的"天文算学"之争、欧化派与国粹派之争以及民初陈独秀与杜亚泉之争，等等。胡适也卷入了有关中西之争的论争当中。

中西文化之比较

胡适曾将五四新文化运动的意义归纳为"评判的态度"，提出了"研究问题，输入学理，整理国故，再造文明"的十六字方针。胡适看来，文明是点滴进化的，再造文明的途径是借助于学理"研究问题"。五四新文化运动后期，伴随着各种西方思想的输入，文化民族主义、文化保守主义也有所抬头，因此，1926年至1929年间，他发表了《我们对于西洋近代文明的态度》《漫游的感想》《请大家来照照镜子》等文章，比较中西文明的优劣。

胡适的立论，首先是反驳当时很流行的一种看法，即西方文明是物质的，东方文明是精神的。胡适从孔子的"观象制器"论，柏拉图、亚里士多德也有人类的器具与制度都起源于意象的看法谈起，提出一切文化起源于精神，从意象而生的看法。在胡适看来，没有任何文化纯粹是物质的。一切文明都有物质和精神的两部分：材料都是物质的，而运用材料的心思才智都是精神的。

那么，如何衡量文化的进步程度呢？胡适以"器具"作为标准，并以此作为东西文化的差别之所在。胡适认为，文化是一种文明所形成的生活方式，各民族的生活方式是大同小异的。人类历史上所谓文化的进步，完全在于制造器具的进步。一切文化的工具都是利用天然的质与力，加以理智的解析，然后创造成功，以满足人的欲望、美感、好奇心等。一个民族的文化，可说是他们适应环境胜利的总和。适应环境之成败，要看他们发明器具的智力如何。人类本身是制造器具的动物。发明新的器具，以胜过物质的环境，因而就构成了所谓文化。文化之进步就基于器具之进步。所谓石器时代、铜器时代、钢铁时代、机电时代等，都是说文化发展之各时期。

胡适认为，东西文化真正的区别，就在于所用的器具不同。东方仍处在落后的手工业时代，而西方老早就利用机械与电气了。"东方文明是建筑在人力上面的，而西方文明是建筑在机械力上面的"。物质文明兼有物体与思想两意义，因为一切器具都是思想的表现。西方的汽车文明固然是物质文明，而东方的独轮车文明也不能说不是物质文明。

东西文化之成败，要看其脱离中古时代的传统思想制度的程度。因科学与机械的兴起，西方文化解脱中古文化之羁绊成功最大，现代印度文化仍是中古文化，这两个极端间的其他东方各文化成功之程度各有高下不同，而日本则是成功地学习西方的典范。科学与机械传入日本，于是日本也构成了她的新文化。

胡适特别详细说明了现代西方机械文明的精神方面。机械之所以为精神的，乃因其能解脱人生之困苦，使大众有享受快乐的机会。利用机械以解脱困苦，就可说是精神的享乐。总之，文化必须先以物质的进化为基础，使机械的进步增加人类的生产能力，人们才有余暇去欣赏较高的文化。

胡适还称赞了西方文明中的科学精神。中古的圣徒基于信仰，现代的科学家则基于怀疑。科学的精神在于抱定怀疑的态度，不做迷信与威权的奴隶。建设性的、创造性的怀疑态度是寻求真理的唯一途径，促成了许多新的发明创造。而东方文化中内省默坐修养冥想等功夫，并无求知怀疑精神在内，并不是什么精神文明，与"下等动物在蛰伏时期"无异。

从宗教精神来看，胡适也认为西方优于东方。从历史上看，西方的宗教发生了文化上的蜕变，由中古时代自弃的宗教发展为现代自立的宗教。而东方的各种宗教，其最高的圣神也不过是些泥塑木雕的菩萨而已。

胡适特别强调了现代西方文明中精神部分的精华部分，即其"新宗教"，也即他所称的"民治的宗教"。而胡适所谓新宗教，"就是十八世纪理想的个人主义，以及近百年的社会主义"。社会主义可说是补充早期民治主义之个人思想的，是民治运动进程中之一部分。社会主义运动，不过是用社会群众或政府的力量，以求大多数最大的幸福。从前许多看似危险的社会主义思想，都已实现在西方国家的法律或政策上了。"这种民治的宗教，不是专为个人的自由，也不是专为别人的自由，乃是设法使个个男女都能得自由。除了用科学与机械增高个人的快乐之外，还要利用制度与法律使大多数人都能得着幸福的生活——这就是西方最伟大的精神文明。"这里，胡适所称赞的西方文明，是经历了社会主义思潮洗礼的现代西方文明。在他看来，即使就社会主义理想而言，东方文明也是不成熟的。

　　胡适还提出了"精神文明""物质文明""唯物文明"三个概念，并用"唯物文明"来定义东方文明："现今大都将唯物文明这名词加在现代西方文明上面，但我想这名词加在落后的东方文明上还较为恰当。唯物文明的意思，是为物质所限，不能胜过物质；如东方不能利用智力，战胜物质环境，改进人群的生活。东方的圣贤，劝人知足，听天由命，昏天黑地的敬拜菩萨；这种催眠式的哲学，比较他们自己所住的房子，所吃的食物，所拜的偶像，还要偏于唯物了。反之，如果某种文化能够利用智力，征服自然，脱离迷信蒙昧，改进一切社会政治制度，以为人类最多数的幸福——这才是真正的精神文明，这种文化将来还要继续增长进步，不过它的进步，不会转向东方精神文明的途径，而是照着它已往所走的途径，继续进行。"

东、西学者都有西方的物质文明业已破产，东方的精神文明将要兴起的言论，在胡适眼中，那只不过是夸大狂造出的谣言，他的结论恰恰是与此相反的。

文化反思

在文明的对比中，胡适进行了自谴式的文化反思。

1928年6月，胡适写了《请大家来照照镜子》。文章从美国使馆商务参赞安诺德的三张图表说起，图表展示了中美之间的巨大差距。他告诉人们，中国人的吃亏在于不肯老实学习，因此，必须学会反省，学会认错，学会死心塌地向人学习，"我们必须承认自己百事不如人，不但物质上不如人，不但机械上不如人，并且政治社会道德都不如人"。

1930年，胡适在《介绍我自己的思想》一文中，不留情地批判了东方文明。人们常说东方文明是精神的文明，西方文明是物质的文明，或唯物的文明，这是"有夸大狂的妄人捏造出来的谣言"。器物越完备复杂，精神的因子越多，"我们不能坐在舢板上自夸精神文明，而嘲笑五万吨大汽船是物质文明"。在胡适看来，东方文明完全被压死在物质环境之下，受物质环境的拘束与支配，不能跳出来，不能运用人的心思智力去改造环境改良现状的文明，成了一分像人九分像鬼的不长进民族，是懒惰不长进的民族的文明，是真正唯物的文明。而西洋的文明，充分运用人的聪明智慧寻求真理、解放人的心灵，改造物质环境，改革社会政治制度，谋最大多数人类的最大幸福，才是真正的精神文明。

在这篇文章里，胡适还向年轻一代大声呼吁："我们如果还想把这个国家整顿起来，如果还希望这个民族在世界上占一个地位，只有一条生路，就是我们自己要认错。我们必须承认我们自己百事不如人，不但物质机械不如人，不但政治制度不如人，并且道德不如人，知识不如人，文学不如人，音乐不如人，艺术不如人，身体不如人。肯认错了，方才肯死心塌地去学人家。不要怕模仿，因为模仿是创造的必要预备工夫。不要怕丧失我们自己的民族文化，因为绝大多数人的惰性已尽够保守那旧文化了，用不着你们少年人去担心。你们的职务在进取，不在保守。"胡适的沉痛之语，其目的也在"救国"，"救这衰病的民族，救这半死的文化"。

胡适还连续发表了《信心与反省》《再论信心与反省》《三论信心与反省》，强调对国家民族的信心不能建筑在歌颂过去上，必须建筑在"反省"的唯一基础之上。他强调我们要闭门思过，要反省，"我们要认清那个容忍拥戴'小脚、八股、太监、姨太太、骈文、律诗、五世同居的大家庭、贞节牌坊、地狱的监牢、夹棍板子的法庭'到几千几百年之久的固有文化，是不足迷恋的，是不能引我们向上的。那里面浮沉着的几个圣贤豪杰，其中当然有值得我们崇敬的人，但那几十颗星儿终究照不亮那满天的黑暗"。在他眼中，五千年的精神文明，不足以构建现代民族国家的精神基础。

胡适的文章在《独立评论》发表后，有的读者批评他"把中国文化压得太低了"，或者是"抑"得太过火了，担心这样会造成民族自暴自弃的心理，应优劣并提。但胡适毫不犹豫地表示，只有反省才有进步。

有时，胡适更多地为中国近代以来的不思进取而着急。在胡适看来，当前的大患在于全国人不知耻，不曾反省。最大的耻辱不在丧师失地，而在政府依靠鸦片烟收税，最高官吏公然提倡"时轮金刚法会"，没有一个真正完备的大学，不肯计划国民义务教育。胡适呼吁应该反省："为什么我们这样不中用？为什么我们事事不如人？为什么我们倒霉到这样地步？""我们应该反省：鸦片之战到如今九十四年了；安南之战到如今整整五十年了；中日之战到如今整整四十年了；日俄之战到如今整整三十年了。我们受的耻辱不算不大，刺激不算不深了。这几十年的长久时间，究竟我们糟蹋在什么上去了？"

有时，胡适又一定程度地肯定了现代中国取得的文化成就。他承认，最近二十年是中国进步最快的时代，在知识上、道德上、国民精神上、国民人格上、社会风俗上、政治组织上、民族自信力上，二十年来的进步超过了以前的任何时代。他总结了五个大项的"总进步"：帝制的被推翻、教育的革新、妇女地位的提高与婚姻制度的改革、社会风俗的改革、政治组织的新试验。

胡适始终坚持的，则是新文化运动对传统的批判态度，反对以弘扬传统的名义而进行思想专制。

胡适认为，新文化运动的一件大事业就是思想的解放。当日批评孔孟，弹劾程朱，反对孔教，否认上帝，为的是要解放思想，提倡怀疑的态度和批评的精神。但国民党的统治造成绝对专制的局面，人民失去思想言论的自由。国民党高唱"抵制文化侵略"，高谈"王道"和"精神文明"，恢复孔子纪念日，其中央宣传部长叶楚伧称"中国本来是一个由美德筑成的黄金世界"，胡适对于此种现象，分析说，国民党的运动是一种极端的民族主义运动，自始便含有保守的性质，便含有维护传统文化的成分，国民党本身含有这种保守性，"至少从新文化运动的立场看来，国民党是反动的"。

胡适还反对用一些新式政治话语来排斥西方，如"帝国主义""文化侵略"之类的。面对国民革命带来的社会文化空气，他说："现在中国全部弥漫着一股夸大狂的空气：义和团都成了应该崇拜的英雄志士，而西洋文明只须'帝国主义'四个字便可轻轻抹杀！政府下令提倡旧礼教，而新少年高呼'打倒文化侵略'！……"他告诫人们："不要尽说是帝国主义害了我们。那是我们自己欺骗自己的话！我们要睁开眼睛看看日本近六十年的历史。试想想何以帝国主义的侵略压不住日本的发愤自强？何以不平等条约捆不住日本的自由发展？"

全盘西化

在二十世纪二三十年代的文化论争中，胡适一度主张全盘西化。

1929 年的《中国基督教年鉴》收录了胡适《中国今日的文化冲突》一文。胡适认为，中西文化冲突中，国人曾有三派主张：一是抵抗西洋文化，二是选择折中，三是充分西化。已没有人主张抵抗西化了，但所谓"选择折中"的议论，看去非常有理，骨子里只是一种变相的保守论。应该全盘西化，一心一意走上世界化的路。

潘光旦批评了胡适的观点。潘区分了"全盘"（Whole-sale）与"全心全意"（Whole-hearted）的不同，而胡适笼统地用这两种提法指同一种态度。"一个人可能半心半意地接受整个西方文明，而对文化混乱的痛苦听之任之，这就是论者所认为的我们的现状。同样的可能是一个人全心全意地接受西方文化的某部分，全心全意地有选择的接受，尽管很难，却也是办得到的。笔者赞同后一种态度并希望这种态度成为主流。""全心全意有选择的接受"显然比"全盘西化"在论述上更为缜密。

1930 年 1 月下旬，胡适在美国大学妇女联合会举办的演讲中，继续发挥他的观点，批评西方文明是物质的而东方文明是精神的说法。胡适以矫枉过正的方式，称中国文化反是物质的，西方文化是精神的。在他看来，西洋文明具有高度的理想性与精神性。文化本身是有惰性的，持全盘西化的态度，才能有选择地吸收西方文明。如果知识精英持有选择的吸收态度，得到的将是守旧的抵抗，无现代化可言，故坚持中国本位就是变相的保守。在面临文化冲突时，中国需要摆脱这种犹豫和困惑所带来的不合时宜的笨拙态度。胡适还将日本列为学习西方的好典型。在这篇演讲中，胡适提出了"全盘西化"的口号。

一份留学生办的《中国评论周报》批评了胡适的看法，"胡博士似乎谴责我国在全盘西化方面显得犹豫不决。对于我们来说，我们已经表现得很匆忙了，对西方文明常常是囫囵吞枣"，问题不在我们自己的文明如何，而在于试图抛弃中国文明的我们这一代人，"今天，我们面临的真正问题不是全盘西化，而是重新复活中华文明的精华，消化吸收西方文明的精华。"显然，在外来文化的冲击下，文化中的精华部分并不一定会自然留存下来。

1935 年 1 月，陶希圣、王新命、何炳松、萨孟武等十位大学教授发表《中国本位的文化建设宣言》，又称"十教授宣言"。宣言声称中华民族在外来文化的冲击下已经失去存在的依据，因此，"要使中国能在文化的领域中抬头，要使中国的政治、社会和思想都具有中国的特征，必须从事于中国本位的文化建设"。不是因袭、模仿、中体西用的凑合，而是以此时此地民族的需要创造文化。他们不主张复古，承认吸收欧美文化必要而且应该，但是反对全盘承受的态度。中国是既要有自我认识，也要有世界的眼光。他们强调在与外来文化接触和吸收中树立"中国本位意识"和"主体意识"的重要性，因为一个民族失去自主性，只有为他族所征服。只有恢复中国人的自主性，才能有吸收外族文化的主体资格。

《宣言》又一次引发了有关中西文化的大讨论。中山大学教授陈序经提出"中国文化彻底的西化"。他认为，文化的各个方面是连带不可分的，只能全盘接受，不能取长补短。文化的差异，其真正的意义是时间的差异。西洋文化，是新的文化，现代世界的文化。西洋文化，无论我们喜欢不喜欢接受，已是现在世界的趋势，世界任何一国都是朝向这种文化的，没有哪个进步的国家是例外的。可是，中国的文化，无论是在时间上或是空间上，所谓发展不外是死板的延长和放大，决无改变的可能性，更不用说进步了。他强调中国对西洋文化的采用范围已从小到大，从枝末到根本。

中西调和论者，以社会学家吴景超为代表。他借用德国社会学家亚富勒魏伯的观点，认为文化与文明的分别在于，文明是发明的，而文化是创造出来的，发明的东西可以传授而不失其特性，如自然科学与物质的工具；创造的东西只在一定的时间内与空间内保存其原有的意义，如宗教、哲学、艺术。他认为对待西方文化的态度可以分为"接受而替代""接受而补充""参考而不抄袭""不客气排斥"。他认为，西洋文化是可以分开的，自然科学、医学，可以整个地接受，代替中国原有的部分；哲学、文学等，可以整个地接受，补充中国文化中类似的部分；一部分的西洋文化，中国可以参考，但决不抄袭，如资本主义制度、各国关税政策；对于一部分的西洋文化要不客气地加以排斥，如迷信的宗教，儿戏的婚姻，诲淫的跳舞，过分的奢侈等。在他看来，文化建设要做的三件事情是：重新固定旧文化各部分的价值，要具体地研究与讨论，不要抽象地空谈；要指出西洋文化中哪些应当采纳，哪些能够采纳；在保存中国优美文化和采纳西方优美文化中要创造出新文化，适应新的环境。

当时，吴景超、陈序经都不认为胡适是西化派，而是折中调和论者。胡适当即表态说："我是主张全盘西化的。但我同时指出，文化自有一种'惰性'，全盘西化的结果自然会有一种折衷的倾向……现在的人说'折衷'，说'中国本位'，都是空谈。此时没有别的路可走，只有努力全盘接受这个新世界的新文明。全盘接受了，旧文化的'惰性'自然会使他成为一个折衷调和的中国本位新文化。若我们自命做领袖的人也空谈折衷选择，结果只有抱残守阙而已。古人说：'取法乎上，仅得其中；取法乎中，风斯下矣。'这是最可玩味的真理。我们不妨拼命走极端，文化的惰性自然会把我们拖向折衷调和上去的。"

为了明确表明自己的态度，胡适又发表了《试评所谓"中国本位的文化建设"》，指出十教授的中国本位文化建设主张不过是折中调和的烟幕弹之下的文化保守主义，不过是洋务派"中体西用"的翻版。胡适与十教授对当时中国文化现状的评估恰恰相反，"今日的大患并不在十教授们所痛心的'中国政治的形态、社会的组织和思想的内容与形式，已经失去它的特征'，我们的观察，恰恰和他们相反。中国今日最可令人焦虑的，是政治的形态，社会的组织和思想的内容与形式，处处都保持中国旧有的种种罪孽的特征……"胡适认为，正因为固有文化的根本保守性，"中国本位"并没有被毁灭的危险，无须操心忧虑，无数人民构成的文化本位会自然存留，"物质生活无论如何骤变，思想学术无论如何改观，政治制度无论如何翻造，日本人还只是日本人，中国人还只是中国人。"胡适也乐观地相信文化中的优秀部分会在西方的冲击下自然保存，"中国的旧文化的惰性实在大的可怕，我们正可以不必替'中国本位'担忧。"在胡适看来，借西方文化的朝气锐气来打掉传统文化的惰性和暮气，最后自然会留存下一种"中国本位"的文化。

客观而论，"全盘西化"只是急于向西方学习的人们表达急切愿望的情绪性口号，表现出来只能是部分的正确、片面的深刻。从字面而言，它破坏人类自我的文化认同，有违于人类维持族群归属感的本能需要。全盘西化论也夸大了西方文化的普适性，忽视了中西文化之间严重的异质性差异。这个口号也许在西方人眼中是荒谬可笑的，只有对中国传统文化的弊害感受突出的那一代人，才能感受到其中的合理性。

面对西方文明的全方位冲击，近代中国社会已经陷于失衡状态。较之政治控制，以维系文化认同来完成社会整合，对于转型时期的社会十分重要。显然，"全盘西化"的纲领是承担不了维系文化传承的功能的。

充分世界化

在讨论中，"全盘西化"的口号不免受到论者的非议。为此，胡适在1935年6月30日的《大公报》上发表《充分世界化与全盘西化》的文章，将全盘西化的口号转化为"充分世界化"。他承认"全盘西化"的确不免有语病，"这点语病是因为严格说来，'全盘'含有百分之一百的意义，而百分之九十九还算不得'全盘'……为免除许多无谓的文字上或名词上的争论起见，与其说'全盘西化'，不如说'充分世界化'。'充分'在数量上即是'尽量'的意思，在精神上即是'用全力'的意思。"他解释了改变的三点理由：第一，避免了"全盘"字样，可以免除一切琐碎的争论；第二，避免了"全盘"字样，可以容易得着同情的赞助，"抛弃那文字上的'全盘'来包罗一切在精神上或原则上赞成'充分西化'或'根本西化'的人们"；第三，胡适不得不承认，"数量上的严格'全盘西化'是不容易成立的。"

胡适承认，文化作为人民生活的方式，处处都不能不受经济状况和历史习惯的限制，也就是文化的惰性。况且西洋文化也有不少历史因袭的成分，中国人不但理智上不愿采取，事实上也绝不会全盘采取。不论基督教是否比道、佛教高明，但基督教有一两百个宗派，相互之间互相诋毁，中国当然无法"全盘"采纳。

显然，胡适承认"全盘西化"事实上的不可能，文化的惰性自然会造成一种折中调和的结果。胡适的立场做了不自觉的修正，"充分世界化"从学理上的确比"全盘西化"更能立住脚。

1947年8月，胡适发表了《眼前世界文化的趋向》一文。他叙述了三个"世界文化共同的理想目标"：第一，用科学的成绩解除人类的痛苦，增进人生的幸福。第二，用社会化的经济制度来提高人类的生活，提高人类的生活程度。第三，用民主的政治制度来解放人类的思想，发展人类的才能，造成自由的独立的人格。他强调，科学是没有国界的，科学是世界公有的，应充分发展、利用科学，以其成果来改善人们的生活。"社会化的经济制度"是"要顾到社会大多数人民的利益的经济制度"，现代社会里，社会大多数的利益是一切经济制度的基本条件，也符合中国"不患贫而患不均"的传统思想。最近三十年的反自由、反民主的集体专制的潮流，不过是一个小小的波折，一个小小的逆流，不能抹杀三百年的民主大潮流。世界文化的趋向，也是中国文化发展的趋向。显然，胡适肯定的西方文化的普世价值是科学、社会主义、民主自由，他也是在这个意义上主张"充分世界化"的。

直至晚年，胡适不经意的一次老调重弹，又在台湾引起了轩然大波。1961年11月，胡适发表《科学发展所需要的社会改革》的演说。他表示，东方古老文明中没有多少精神成分。"一个文明容忍像妇女缠足那样惨无人道的习惯到一千多年之久，而差不多没有一声抗议，还有什么精神文明可说？"现在正是东方人应当开始承认那些古老文明中很少精神价值或完全没有精神价值的时候了。胡适的演说引发了一场颇带火药味的论战。胡适甚至因心脏病猝发而住进医院。

在这场文化论争中，新儒学的传人徐复观骂胡适"是一个作自渎行为的最下贱的中国人"，称这是"中国人的耻辱，东方人的耻辱"。李敖则称赞胡适是中国新文化和现代化的"播种者"，胡适对文学革命、新文化运动、民主宪政、学术独立和长期发展科学的贡献不容抹杀，这是胡适在中国近代史上的"真价值""真贡献"。参与讨论的还有胡秋原、叶青、郑学稼等。胡适身后，中西论争仍以不同的形式继续着。

对于胡适的中西文化观，学术界也有不同的看法。林毓生认为，胡适对"全盘西化"只作过"修辞上的修正"，实际仍是"全盘西化论"者，这直接导自他的"全盘化反传统主义"或曰"整体主义的反传统主义"。无论称之谓"全盘西化"也好，"全心全意接受西方文明"也好，或"充分世界化"也好，也即"杜威式工具主义所阐释、所主张的美国文明"，"发展自由精神与建设民主制度所需要面对，如何对中国传统进行创造性转化的问题，皆被他的一元式反传统主义与一元式西化论所搪塞，这也是作为启蒙运动思想家的胡适的不足之处"。

在根本上，对于中华文化是否需要接受现代文明的普世价值，接纳现代西方文明的问题，胡适的答案并没有错。在完成了现代化的任务后，保持文化的多样性，在多元世界中保持自己的文化特征，则是文化保守主义留给我们的另一种遗产。

从疑孔到非孔

胡适留学美国时期，中国正在兴起将儒学立为国教的运动。美国舆论认为这是一种倒退，胡适却认为美国的舆论是基于基督教立场的宗教成见。胡适当时持的是一种反思的态度。1914年1月，他在给朋友的信中提出了八个问题，反思儒学作为国教的可能性问题。一、立国究须宗教否？二、中国究须宗教否？三、如须有宗教，则以何教为宜？四、如复兴孔教，究竟何者是孔教？五、今日所谓复兴孔教者，将为二千五百年来之孔教欤？抑为革新之孔教欤？六、苟欲革新孔教，其道何由？七、吾国古代之学说，如管子、墨子、荀子，独不可与孔孟并尊耶？八、如不当有宗教，则将何以易之？

这说明胡适是带着怀疑的姿态思考孔教问题的，并没有得出否定性的结论。

当袁世凯发布大总统令，称"孔子之道，如日月经天，江河行地，树万世之师表"，要给予孔子后裔"前代荣典"，并给孔令贻一等嘉禾章时，胡适在日记中批其为"非驴非马"。

当袁世凯发布尊孔令、祀孔典礼时，胡适明确批驳了其七处荒谬之处。其一，称中国政俗皆发皇于孔圣学说，而不知道老、佛、杨、墨皆有关中国政俗；其二，纲常沦丧，人欲横流，不当归罪于自由平等之弊；其三，政体虽取维新，礼俗要当保守，不知道礼俗也当革新；其四，立国精神，不在尊崇至圣；其五，明明提倡宗教，却称绝非提倡宗教；其六，所谓"孔子之道，亘古常新，与天无极"，满口大言，毫无历史观念；其七，"位天地，育万物，为往来圣继绝学，为万世开太平"之类的话，一片空言，全无意义。

而随着袁世凯称帝成为现实，孔教问题政治化了，人们普遍把复兴儒学问题，看成是与复辟帝制同样严重的政治问题。正是从这个角度，《新青年》同人举起了反孔的旗帜。

1919 年 11 月，吴虞在《新青年》发表《吃人与礼教》一文，谈到他读鲁迅《狂人日记》的感想，批判中国历史上一面吃人一面又讲礼教、吃人与礼教并行不悖的现象。他批判儒家思想祸国殃民，"为祸之烈，百倍于洪水猛兽也"，呼吁儒教革命，以造新思想、造新国民。"吃人与礼教"成为进步青年反孔教的重要口号。

胡适为吴虞的文集作序："何以那种种吃人的礼教制度都不挂别的招牌，偏爱挂孔老先生的招牌呢？正因为二千年吃人的礼教法制都挂着孔丘的招牌，故这块孔丘的招牌——无论是老店，是冒牌——不能不拿下来，捶碎，烧去！"并称赞吴虞为"四川省只手打孔家店的老英雄"。

"打孔家店"意味着要开百货店，也意味着要拆招牌。胡适认为，当日新文化运动的领袖们"打孔家店"，目的在于解放思想，提倡怀疑精神、批判精神，而不是对孔子本人或儒学的全盘否定。五四时代的反孔倾向，褒之者认为其解放了中国的思想，贬之者认为其中断了中国的文化传统。

说　儒

胡适非孔，并不全面否定儒学。1934 年，胡适完成了一篇长达五万字的《说儒》，以学术的角度，从殷周过渡的历史时代，考察"儒"的历史，对儒学与孔子作客观的评价。

胡适认为，"儒"是殷遗民，是殷民族的礼教的教士，他们的宗教是殷礼。儒的柔懦，体现在亡国遗民忍辱负重的柔道人生观。他们在很艰难的政治状态下，继续保存殷人的宗教典礼，衣服穿戴。数百年间，他们的主要职业是"治丧相礼"。

广义的、来源甚古的"儒"是术士的通称，变成孔门学者的私名，有很重要的历史原因。孔子只是一个伟大历史运动、历史趋势的代表者。

　　殷商民族亡国后，殷遗民的民族运动并没有中断，他们始终保持着民族复兴的梦想，有一个"五百年必有王者兴"的预言，孔子在当时被人认为是应运而生的圣人，并被寄托了殷民族文化复兴的梦想。

　　孔子认清了六百年殷周民族杂居、文化逐渐混合的趋势，大胆冲破部族的界限，宣言"吾从周"，接受了因袭夏殷文化而演变出来的周文化，"择其善者而从之，其不善者而改之"，以其博大的"择善"精神，提倡"有教无类"，仁者爱人，领导了革新儒教的运动，"从一个亡国民族的教士阶级，变到调和三代文化的师儒；用'吾从周'的博大精神，担起了'仁以为己任'的绝大使命——这是孔子的新儒教。"仁者不忧，知者不惑，勇者不惧，知其不可而为之，这些都是孔子的新精神。胡适甚至假定，孔子受封建社会的武士风气影响，"把那柔懦的儒和杀身成仁的武士合并在一块，造成了一种新的'儒行'"。

　　在孔子和老子的关系上，胡适也提出了独特的看法。胡适认为，老子、孔子本是一家，老子是一个正统的老儒，他的教义正是柔顺的"以德报怨""犯而不校"的人生观，代表随顺取容的亡国遗民心理，而孔子则是新儒的象征，怀抱着"天下宗予"的东周建国的大雄心。

　　胡适在研究儒的历史的时候，也拿西方的历史作类比。亡国民族常有"救世圣人"的预言，比如犹太民族的"弥赛亚"。"弥赛亚"变成了救世的教主，耶稣成为民众的宗教领袖。而儒家运动所代表的理智的"知之为知之，不知为不知"的态度，使中国的"弥赛亚"不能直接做多数民众的宗教领袖，而只能成为中国"文士"阶级的领导者，其宗教也只是"文士"的宗教。这里，胡适指出了儒教与西方宗教的不同，强调了孔子在当时上层知识精英中的领袖地位。这表明，在学术领域，胡适是充分肯定孔子与儒教的历史地位的。

现实政治生活中，当国民党政府规定以孔子诞辰为"国定纪念日"，要求全国举行"孔诞纪念会"的时候，胡适明确表示反对，讽刺当局是"做戏无法，出个菩萨"。在他看来，中国现代化的成绩，从废除太监、小脚、八股、酷刑，到推翻帝制、革新教育、改良社会风俗、政治组织的新试验，等等，都是"不曾借重孔夫子而居然做到的伟大进步"。文明的进步不是孔夫子之赐，也不必发思古之幽情，抬出孔圣人来"卫我宗邦，保我族类"。

胡适晚年在台湾演讲《中国文化里的自由传统》时，在孔子、老子、孟子身上，都看到了自由主义的精神，把中国古代传统中的谏官御史、史官制度也看成是富有民主精神的制度。孔子的"有教无类"更体现了教育平等的精神。显然，这时的胡适，对孔子及儒学，抱有更多的宽容了。

总之，无论对于儒学还是孔子，胡适持的是二分法的态度。

四、学术经历中的治学方法

胡适与赫胥黎、杜威

胡适在《介绍我自己的思想》一文中说："我的思想受两

个人的影响最大：一个是赫胥黎，一个是杜威先生。赫胥黎教我怎样怀疑，教我不信任一切没有充分证据的东西。杜威先生教我怎样思想，教我处处顾到当前的问题，教我把一切学说理想都看作待证的假设，教我处处顾到思想的结果。这两个人使我明了科学方法的性质与功用。"

赫胥黎是著名英国哲学家、生物学家，他不仅是达尔文生物进化论的坚决捍卫者，而且提出了人猿同祖的观点。他坚信只有事实才是说明问题的证据："我要做的是叫我的愿望符合事实，而不是试图让事实与我的愿望调和。"赫胥黎十分重视方法论，他认为方法比知识更重要。科学的唯一武器是证据，证据也是思想解放和思想革命的唯一工具。胡适将赫胥黎的思想归纳为"存疑主义"，即"严格的不信任一切没有充分证据的东西"。"拿证据来"带来了哲学领域的革命。

杜威是美国著名的实验主义哲学大师，自1905年起任教于哥伦比亚大学。实验主义可谓美国的国家哲学，它将两三百年来的科学实验方法，运用到人类的精神领域。实验主义哲学引导的是哲学领域的革命，即使哲学从研究"哲学家的问题"转为研究"人的问题"。杜威认为，两千年欧洲哲学史的总纲领就是力图保存超于经验之上的"理性"。而事实上，经验的活用就是理性，此外别无理性。杜威重视经验、生活，他强调生活、实践、行动，认为思想只是应付环境的工具。他也强调科学的方法论，主张疑难与科学实证的治学态度。

1919年5月，杜威来华讲学，用两年多的工夫走了中国十多个省，实验主义一时成了中国最时髦的哲学思潮。杜威是胡适留学哥伦比亚大学时的博士论文导师，杜威来华讲学他也跟随于左右。他也曾撰文、演讲，宣传杜威的哲学思想。实验主义使胡适受益终生，他倡白话文、写白话诗、整理国故、鼓吹西化、谈政治，都源于他对实验主义的信仰。他坚信他这些点滴的实验能改良中国的文化与政治。胡适提出的"大胆的假设，小心的求证"，更为中国学术界传统的治学方式注入了逻辑实证的科学活力，在相当大的程度上推动了中国现代社会科学的发展。胡适常常批评所谓的"目的热""方法盲""迷信抽象名词"，因此胡适特别注意方法问题。胡适常常以自己的学术经历谈治学方法问题。

胡适在《实验主义》一文中，介绍了杜威的"五步思想法"。"五步思想法"要解决的是产生有条理、有创见的思想的问题，而不是胡思乱想。思想的五个步骤是：一、思想的起点是疑难，即三岔路口；二、诊断、分析疑难何在；三、从过去的知识、经验中提示出各种解决方案；四、通过对比、评判提出假定的解决方法；五、证明假定的解决。

在有关"问题与主义"的论争中，胡适认为，必须经过三步思想功夫，才能成就"有价值的思想"。第一步功夫，是研究问题所涉及的种种事实；第二步功夫，是根据一生的经验、学问提出种种解决的方法；第三步功夫，是加上想象的能力，推想可能的效果，以假定的解决作为主张。显然，胡适的三步思想功夫，是杜威的"五步思想法"的翻版。

在《杜威先生与中国》中，胡适又将杜威的哲学方法归纳为"历史的方法"与"实验的方法"。"历史的方法"，即"祖孙"的方法，把学说或制度看成中段，一头是原因，一头是结果，上有祖父，下有孙子。这种方法指明一个制度或学说所以产生的原因、历史背景，了解其在历史上占的地位与价值，拿它所产生的结果来评判其价值，是一切带有评判精神的运动的一个重要武器。"实验的方法"，从具体的事实与境地下手，认定一切学说、理想、知识都只是待证的假设，一切学说与理想都须用实践来试验过。这样的方法可以免去许多无谓的假问题，省去许多无意义的争论，解放许多思想的奴隶，限制上天下地的妄想冥思。

胡适不仅自己接受了杜威的实用主义哲学，还希望"使历史的观念与实验的态度渐渐的变成思想界的风尚与习惯"。事实上，胡适自己也将杜威的哲学方法运用到了他的治学当中。

余英时认为，胡适不仅重视方法论，而且"胡适思想中有一种非常明显的化约论（reductionism）的倾向，他把一切学术思想以至整个文化都化约为方法"。也就是说，他认为一切学说都必须化约为方法才有价值。而"胡适在方法论的层次上把杜威的实验主义和中国考证学的传统汇合了起来，这是他的思想能够发生重大影响的主要原因之一"。

"为学要如金字塔"：胡适论读书与治学

胡适在学术领域卓有建树，他也常常谈到读书方法问题。

胡适认为，读书第一要精，第二要博。读书过专的人好比孤单可怜的旗杆或孤拐，广泛博览而无所专长的人则像禁不起风吹雨打的薄纸。"理想中的学者，既能博大，又能精深。精深的方面，是他的专门学问""博大要几乎无所不知，精深要几乎惟他独尊，无人能及"。胡适认为，理想的知识结构应是金字塔型的，"为学要如金字塔，要能广大要能高"，也就是用专门学问做中心，次及于直接相关的各种学问，次及于间接相关的各种学问，次及于不很相关的各种学问，次及毫不相关的各种泛览。这样的人才，才是对社会有用的人才。

胡适还以"进化"论的知识为例，谈吸收知识问题。大家都谈"进化"，但对"进化"的见解也许只是"道听途说"或时髦口号。这种知识算不得属于个人的知识。但假如读书后完成一篇"我为什么相信进化论"的读书札记，列举生物学、比较解剖学、比较胚胎学、地质学和古生物学、考古学、社会学、人类学上的种种证据加以说明，这时关于进化论的知识，才可算是自己的知识。

胡适也列举了他劝顾颉刚标点古书的故事。当初胡适了解到顾生活困难，建议他标点姚际恒的《古今伪书考》付印，卖几个钱。那部书很薄，胡适以为他两个星期就可以标点完。哪知顾一去半年不曾交卷。原来顾氏对每条引的书，都去翻查原书，仔细校对，注明出处，注明原书卷第，注明删节之处。半年后，顾颉刚对胡适说，《古今伪书考》不必付印了，他要编辑一部疑古的丛书，叫作"辨伪丛刊"。胡适支持了他的计划。一两年之后，顾氏的计划不再只是"辨伪丛刊"，而是要自己创作对于中国古史的辨伪。因此，胡适断定顾颉刚"将来在中国史学界的贡献一定不可限量"。顾颉刚标点古书的故事，大致也说明了知识如何由他人的转变为自己的。

20世纪50年代，胡适在台湾向大学生讲研究方法问题。他强调，研究是解决困难、解决问题，也就是"大胆的假设，小心的求证"。他提倡在研究过程中要有所谓"方法的自觉"。他强调立论时研究者应自己批评自己，自己检讨自己，审查自己的证据可靠与否，审查自己的证据与本案有没有关系，用现代法庭上的证据法，"允许两造驳斥对方所提证据的方法，来作为我们养成方法自觉的一种训练"。他认为，治学应养成"勤、谨、和、缓"的好习惯。研究也要重视运用材料，材料不够，会限制做学问的方法；材料的不同，可以使做学问的成绩不同。学问的进步，需要直接研究材料，随时扩充材料、扩充工具。

胡适有关治学方法的观点值得我们吸取。

第 3 章

思想遗产：胡适与自由主义

自由主义是 19 世纪西方社会的主流思潮。这一思想在 20世纪传入中国。严复通常被认为是中国第一个自由主义的启蒙思想家，胡适则是中国自由主义的一个象征。胡适并非一个政治学的学者，从学理的角度谈论自由主义的内涵、源流、演变，并不是他的长处。民国时期，胡适之所以成为一面自由主义的旗帜，乃在于他的政治立场，以及他作为自由知识分子精神领袖的地位。

一、从爱国主义走向自由主义

爱国主义

胡适早年在上海接受新学教育时，就读过严复、梁启超的文章，对自由、民主之类的新名词、新知识有初步的理解。不过，和同时代的许多年轻人一样，胡适政治思考的起点，是爱国主义。

《竞业旬报》上，胡适曾发表过一篇题为《爱国》的文章，他说"国是人人都要爱的，爱国是人人本分的事"，呼吁"爱国的人，第一件，要保存祖国的光荣历史，不可忘记；忘记了自己祖国的历史，便要卑鄙龌龊，甘心作人家的牛马奴隶了"。他提出，国家的强大与否，与人们爱国与否有正相关性，"我们中国人，到处都受人欺侮，到处给人家瞧不起。唉，这都是因为我们国民不爱国的结果了……"

胡适为王昭君作传，一反传统昭君出塞和番故事中的哀苦幽怨形象，而是塑造了一个深明民族大义的爱国者形象。胡适认为，我们上千年以来都可怜王昭君，却没有人晓得赞叹她的爱国苦心。

在留学时期，胡适完成了政治思想的转向，即从朴素民族主义转向自由主义。

辛亥革命爆发时，胡适在美国留学。那时，他没有对这一历史性的时刻赋予更多的意义与价值。但他关心国内政治，认为少年中国需要民主，必须实践民主。他对中国遥远的民主传统，比如孟子的民贵君轻保持高度评价。袁世凯统治时期，胡适一方面反对袁世凯专制，反对古德诺支持袁的帝制运动，但另一方面，他也不得不相信真正共和制的基础尚未确立。能读书的人不到百分之一，而讨论国内政治事务或国际外交的恐怕还不到百万分之一，"即真得共和矣，亦数十人之共和，而非民国之共和也"。他希望通过社会教育，奠定共和国家的社会基础。

1914 年前后，是胡适由一个普通爱国青年，转向自由主义的转折点。1914 年 5 月，绮色佳的一家报纸所谓"曲耶，直耶，是耶，非耶，终为吾国耳"的观点，引起了中国留学生的关注，胡适明确表示了对这句话的反对，反对采用双重道德标准来针对国人与外国人。胡适坚持，不管国内、国外，只应奉行一个是非标准，否则无法争论。在这场是非之心与爱国之心的交战中，胡适明确相信是非标准是高于国界的。不过，胡适也意识到，自己"执笔报国"之说，"何尝不时时为宗国忌讳也"。

在1914年8月9日的日记中，胡适摘抄了卡莱尔的爱国说并表示深有同感，"不是建立在偏见之上，而将使吾国对吾民更为亲爱，又和吾辈之哲学信念相协调；它将使吾国爱一切人，公正地奖励各个地区，那么国民也将不顾一切地热爱这个严厉的祖国，它的悠久的社会传统及道德生活。"这里，人民爱国家与国家爱护其人民，已经是相互的义务了。

10月，胡适和好友讷司密斯博士讨论世界主义与国家主义时，已经意识到了"今之大患，在于一种狭义的国家主义，以为我之国须陵驾他人之国，我之种须陵驾他人之种"。这里，他对狭隘的国家主义提出批评，并认为这是引发战争的根源。

而11月3日，胡适在与好友韦莲司谈到"容忍迁就"与"各行其是"两种不同的行事方式时，表示"吾于家庭之事，则从东方人；于社会国家政治之见解，则从西方人"。他着重强调了独立自由思想与人类进化的关系，人类之进化，在于个人之进化；思想之进化，在于思想之独立，"若人人为他人之故而自遏其思想言行之独立自由，则人类万无进化之日矣。"至此，自由主义开始取代民族主义，成为胡适的主流思想倾向。

在"有道"与"无道""同族"与"异族"之间，胡适认为，"道"的高下重于"族"的异同。他相信，统治权力的来源在于被统治者的同意，而不在于同族与异族。正是在这一点上，胡适认为，民族主义是不能单独成立的。

尽管胡适的个人政治观念已经经历了从朴素民族主义到自由主义的转变，但他并不打算就中国政治贡献自己的思想。回国后不久，他曾立志二十年不谈政治，从思想文化上为中国政治打下长远的基础。当然，他很快放弃了自己的主张，不得不参与谈论并非他的专业的政治问题。

易卜生主义

早年胡适的自由主义倾向，表现为他对易卜生式个人主义的推崇。1914 年胡适在康奈尔大学哲学会宣读了一篇题为《易卜生主义》的英文稿。中文稿写于 1918 年，发表于《新青年》。之所以要向国人介绍易卜生主义，是因为胡适认为易卜生最可代表 19 世纪欧洲的个人主义精华，胡适认为"它所提倡的个人主义在当日确是最新鲜又最需要的一针注射"。文章在 1918、1919 年的中国引起震动。

1918 年，《新青年》杂志辟出"易卜生专号"，刊登了易卜生作品的中译文，以及袁振英的《易卜生传》、胡适的《易卜生主义》。挪威戏剧家易卜生的戏剧多以揭露社会问题为主题，对欧洲现代戏剧影响甚大。胡适的《易卜生主义》是国内首篇系统评介易卜生思想的文章。

胡适将易卜生主义定位为个人主义。他引用易卜生的话说："我所期望于你的是一种真正纯粹的为我主义，要使你有时候觉得天下只有关于我的事最要紧，其余的都算不得什么……你要想有益社会，最好的法子莫如把你自己这块材料铸造成器……有的时候我真的觉得全世界都像海上撞沉了船，最要紧的还是救出自己。"易卜生主义随后成为中国新文学的思想特征。

胡适所期待的健全的个人主义，意味着发展个人的个性。这既须使个人有自由意志，能作自由的选择，同时也须使个人担干系，负责任。由此扩充到家庭、社会、国家。自治的社会，共和的国家，需要个人有自由选择之权，需要个人对自己的行为负责。社会、国家没有自由独立的人格，如同酒里少了酒曲，面包里少了酵母，人身上少了脑筋，绝没有改良进步的希望。

在易卜生塑造的诸多人物形象中，胡适特别推崇的是斯铎曼医生。斯铎曼医生富有自由独立的人格，为了揭穿本地社会的黑幕，他敢于说实话，敢于攻击社会上的腐败情形，敢于向恶势力宣战，遂被全社会的人喊作"国民公敌"。斯铎曼不避"国民公敌"的恶名，大胆发表宣言："世上最强有力的人就是那最孤立的人！"在胡适看来，这样一个"贫贱不能移，富贵不能淫，威武不能屈"的斯铎曼医生，就展现了一种健全的个人主义的真精神。

胡适还就个人自由与国家自由的关系，向少年人说了一段意味深长的话。

> 现在有人对你们说："牺牲你们个人的自由，去求国家的自由！"我对你们说："争你们个人的自由，便是为国家争自由！争你们自己的人格，便是为国家争人格！自由平等的国家不是一群奴才建造得起来的！"

胡适还借用杜威的话，区分了真的个人主义和假的个人主义，"假的个人主义——就是为我主义。他的性质是自私自利：只顾自己的利益，不管群众的利益"，"真的个人主义——就是个性主义，他的特性有两种：一是独立思想，不肯把别人的耳朵当耳朵，不肯把别人的眼睛当眼睛，不肯把别人的脑力当自己的脑力；二是个人对于自己思想信仰的结果要负完全责任，不怕权威，不怕监禁杀身，只认得真理，不认得个人的利害"。

"把自己铸造成器，方才可以希望有益于社会"，"真实的为我，便是最有益的为人"。这两点，是胡适鼓吹个人主义的立足点。中国是一个群体本位传统十分强烈的国家。胡适的言论还是有其价值的。

"问题"与"主义"之争

1919 年 7 月，胡适在《每周评论》发表《多研究些问题，少谈些主义》，称当前舆论界存在一种空谈外国主义的危险倾向，舆论家的第一天职，应是细心考察社会的实在情形。又言旧政客官僚也假充时髦高谈主义，安福系首领王揖唐也主张民生主义。他要统治者以防止"过激主义"为名，痛恨痛骂、严防严禁"过激主义"。

胡适提出对于主义的三个看法：第一，空谈好听的"主义"，是极容易的事，是阿猫阿狗都能做的事，是鹦鹉和留声机器都能做的事。第二，空谈外来进口的"主义"，是没有什么用处的。一切主义都是某时某地的有心人，对于那时那地的社会需要的救济方法。不实地研究社会需要而高谈某某主义，好比医生只记得汤头歌诀而不研究病人的症候。第三，偏向纸上的"主义"，是很危险的。这种口头样很容易被无耻政客利用来做种种害人的事。

胡适认为，"主义"都是因人们不满现状而设法救济而起的，因此，"主义初起时，大都是一种救时的具体主张"，出于传播简便的需要，便用一两个字代表这种具体的主张，所以叫他做"某某主义"。主张成了主义，便由具体的计划变成一个抽象的名词，"主义"的弱点和危险就在此。胡适表示，自己并不反对研究学说和主义，但反对以此做招牌，做口头禅。应该把"学理"当成研究问题的工具。"主义"的危险就在以根本解决，而取消了具体问题的解决。他要求新舆论界的同道"多提出一些问题，少谈一些纸上的主义"，从人力车夫的生计问题，到大总统的权限问题；从卖淫问题到卖官卖国问题；从解散安福部问题到加入国际联盟问题；从女子解放问题到男子解放问题。在他看来，高谈主义而不解决具体问题，是畏难求易，"这是中国思想界破产的铁证，这是中国社会改良的死刑宣告"。

胡适的这篇文章，主要是针对当时思想界传播新思想的若干缺点有感而发的，并没有严格论证问题与主义的关系。他对问题与主义的关系做了简单化的处理，即"病症"与"药方"，而验证的就是药方的灵与不灵。他褒方法而贬主义，认为方法经由简单化、抽象化而成为主义，并由此造成了主义的弊端。

蓝公武的《问题与主义》反胡适之道而行之，提出："主义的研究和鼓吹，是解决问题的最重要最切实的第一步。"蓝公武认为，构成问题，既有客观的困难，也有主观的反省。没有主观的反省，问题不成为问题。对于问题的性质，他分了三类：理想与现实的冲突、社会变化带来的冲突、问题之间的冲突。问题范围大，理想性因素多；问题狭小，现实性因素多。因此，抽象性问题比具体性问题更重要。

蓝公武对于问题、方法、主义的相互关系，没有做胡适那样的简单化处理，而是提出五条：首先，主义是方法的标准趋向和态度。其次，问题愈大，性质愈复杂，问题中最重要的中心点抽象出来推行到他部分或是他种问题去，即是主义。其三，问题的抽象性、涵盖性，与主义有类似的地方。问题有一贯的中心，是问题之中有主义；主义常待研究解决，是主义之中有问题，二者自不能截然区别。其四，在进步的社会，主义由问题而产生；在不进步的社会，问题全靠主义制造出来。其五，社会文化停滞的时候，需要少数人鼓吹新理想新主义，或输入其他国家的新理想主义。

蓝公武基本上全面批驳了胡适的观点，并试图梳理出问题、方法、主义三者之间的复杂关系。显然，他所使用的方法主要是类分，将各种复杂的情形加以分门别类的处理。至于区分是否完全合理是另一回事。

李大钊的《再论问题与主义》主要谈了四个方面的问题，即问题与主义、假冒牌号的危险、过激主义、根本解决。李大钊指出，问题与主义难以分离，社会问题的解决需要一个共同的理想作为工具动员群众。主义脱离实际的危险，并不是主义本身的危害，而是空谈者带来的危害。假冒牌号的危险，是一种自然现象，越有假冒现象，越应有正面的宣传。过激主义，是反动派安的罪名，没有闲工夫理他，自己是喜欢谈布尔什维克主义的。自己相信根本解决的社会革命方法，在一个缺乏生计的封闭社会，一个具体问题的解决都有赖于经济问题的根本解决作为前提。

胡适的《三论问题与主义》对蓝公武与李大钊的看法作了回应。胡适认为，蓝、李两位关于主义的理想性的论说，和自己的原意并没有冲突。其次，胡适所说的"主义的危险"，并不是主义本身的危险，而是拿抽象名词例如"过激主义"去捉拿"过激党"的危险。胡适也认可了主义的理想性，不过强调"我所说的理想的作用，乃是这一种根据于具体事实和学问的创造的想象力，并不是那些抄袭现成的抽象的口头禅的主义。我所攻击的，也是这种不根据事实的，不从研究问题下手的抄袭成文的主义"。

关于三个人的相同之处，胡适认为，在问题与主义的关系问题上，大家都承认要用主义、学理做解决问题的工具和参考材料。但胡适反对蓝公武关于问题、主义的抽象性的提法。问题本身是没有什么抽象性的，问题的范围越大，越需要分解成许多更具体的小问题，不可用抽象名词敷衍。主义本来都是解决问题的具体方法，只是在应用上有着几分普遍性，不能说主义本来只是抽象的理想。胡适反对蓝公武对主义抽象性的推崇。胡适反对将主义与实行的方法分开，认为这是人类社会目前的大毛病与大祸根，两者应该合为一事。因此，他指责蓝、李两位都有"目的热""方法盲"的毛病。

胡适强调，要弥补人类迷信抽象名词的弱点，要"多研究些具体的问题，少谈些抽象的主义"。在他看来，一切主义，一切学理，都只可认作"假设的见解""参考印证的材料""启发心思的工具"，不可奉为"天经地义的信条""金科玉律的宗教""蒙蔽聪明，停止思想的绝对真理"。只有如此，才能解放人类对于抽象名词的迷信，逐渐养成人类的"创造的思想力"，养成人类解决具体问题的能力。

为了澄清人们对自己不谈学理、主义的误解，胡适发表了《四论问题与主义》，表示自己的态度是不赞成空谈抽象的主义，但是赞成输入学说和思潮的事业。胡适指出，输入学说时应注意发生这种学说的情形，注意论主的生平事实和他所受的学术影响，注意每种学说已经产生的效果。胡适将他的方法概括为"历史的态度"，而"这样输入的主义，一个个都是活人对于活问题的解释与解决，一个个都有来历可考，都有效果可寻。我们可拿每种主义的前因来说明那主义性质，再拿那主义所发生的种种效果来评判他的价值与功用。"

以后，胡适发表《新思潮的意义》《研究问题的方法》，将五四新文化运动的意义归为"评判的态度"，并提出著名的十六字方针："研究问题，输入学理，整理国故，再造文明。"以此不再将"问题"与"主义"对立起来解释。此外，在研究问题里面做输入学理的工作，由此规定主义相对于问题的从属性、工具性地位。在胡适看来，文明是一点一滴进化的，再造文明的途径仍然是"研究问题"。

问题与主义之争表明了五四新文化运动潜在的"价值重建"的问题主题和为"社会改造"寻求意识形态支援的政治宗旨的紧张，而且体现出在改造社会问题上自由主义和马克思主义之间的分野，新文化运动的分途发展。

好政府主义

20世纪20年代前期的中国，政局动荡不安，国家政权处于军阀掌控之下，国会少政见之争，多意气之争，内阁频繁更替，政党蜕变成"大街""胡同"之类的名号。而新兴知识分子利用政论性报刊，逐步在政治上产生影响。胡适首倡的"好政府主义"，便是在这样的背景下提出来的。

"好政府主义"的最初提出，针对的是普遍流行的无政府主义思潮。1921年6月，胡适在和一位访客谈话时，提出"好政府主义"这个名词。他说："现在的少年人把无政府主义看作一种时髦的东西，这是大错的。我们现在绝不可乱谈无政府主义。我们应谈有政府主义，应谈好政府主义。"

胡适第一次公开地谈好政府主义，是1921年8月初在安徽高等师范学校的有关演讲。胡适的演说分四部分。

第一，好政府主义是一种有政府主义，是反对无政府主义的。无政府主义的缺点在于，学理上因反对某个政府就反对一切政府，因反对某种法律就反对一切法律。

第二，好政府主义的基本观念是一种政治的工具主义。政治的组织是人类发明的最大工具，政府的存在是由于这种工具的需要。这种工具是一种有组织、有公共目的的权力，法律、制度都是这种权力的表现。

第三，提出"工具主义的政府观"。政府工具主义，可引申为评判政府的标准，即政府是社会用来谋最大多数的最大福利的工具，故凡能尽此职务的就是好政府，不能尽此职务的就是坏政府，妨害或摧残社会公共福利的是恶政府。政府工具主义还可引申出民治（人民参政）的原理，政府是用人做成的工具，更须时时监督修理，宪法、公法和议会等都是对这个工具的监督和修正。政府工具主义可引申出革命的原理。政府不良，可监督它、修正它；当它不受监督、修正时，换掉它。这是一切暗杀、反抗、革命的根据。

第四，实行好政府主义的条件是要以好政府作为公共奋斗的目标，要有一班"好人"结合起来作积极的奋斗。

以后，胡适又在若干场合几次演讲过他的"好政府主义"。

《我们的政治主张》则是胡适将自己的个人想法，化为自由主义者的政治纲领的一种努力。这份宣言最早发表于《努力周报》。1921年5月，胡适与丁文江、蒋梦麟等成立了一个秘密性质的"努力会"，以"谋求中国政治的改善与社会的进步"为宗旨。《努力周报》创刊于1922年5月，是一个注重谈政治的刊物，5月14日，周报发表题为《我们的政治主张》的政治宣言，签名者共16人，来自北大的学者占11人，当时的主要报刊多转载了这篇文章。

《我们的政治主张》首先标举政治改革的目标与原则。文章认为，中国知识界应放弃全民政治主义、基尔特社会主义、无政府主义，而降格以求公认的"好政府"一个目标，"作为现在改革中国政治的最低限度的要求"，同恶势力作战。政治改革的三个基本原则则是"宪政的政府""公开的政府""有计划的政治"，因为宪政政府是使政治上轨道的第一步，财政公开与公开考试用人是打破一切黑幕的唯一武器，有计划则是效率的源头。

"好政府"的含义是双重的，既是积极的，也是消极的。"好政府"在消极的方面是："要有正当的机关可以监督防止一切营私舞弊的不法官吏"；在积极的方面是："充分运用政治的机关为社会全体谋充分的福利"，"充分容纳个人的自由，爱护个性的发展"。至此，好政府主义的理想既是自由主义的，也是社会主义的。

胡适认为，中国之所以败坏到这步田地，虽然有种种原因，但"好人自命清高"确是一个重要的原因，"好人笼着手，恶人背着走"。他认为好人须要有奋斗的精神，凡是社会上的优秀分子，应该出来和恶势力做斗争。

《我们的政治主张》还谈了议和、裁兵、国会、宪法、财政等具体政治问题。

《我们的政治主张》一文，激发了政治与学术、革命与改良、精英与民众、目标与方法等方面的讨论，以及建立好人政府具体途径的讨论。这场讨论主要集中于三个问题：一、好人政府的制度建构，尤其是好人如何组织起来的问题，是否组织政党成为一个重要问题。二、通过革命还是改良的手段得到好政府。三、胡适个人的问题，也是民国时期知识精英的共性问题，即学术与政治之间的选择问题，是以学术作为志业，还是以政治作为志业。

引起讨论的议题首先在于好人怎样结合、怎样奋斗。胡适心目中的好人，是一盘散沙式的单独参与政治呢，还是发发牢骚即可，人们不无疑问。有的读者就提出了如是否成立"好政府党"的问题。对于要求"造党"的呼吁，胡适表示，国会恢复之后，政党政治自然回来，在此时和最近的将来，好人们应该处于中间人、公正人、评判员、监督者的地位。

讨论涉及革命与改良。胡适提倡好政府反对政治空谈，但不反对革命。至于用革命还是改良的方法，好政府派立足于改良，但不是反对革命，而主张革命者、改良者各行其是。胡适这样的温和派也不反对革命，这标志着北京政府合法性的丧失。

讨论还涉及一般民众与政治改革的关系。批评意见认为，好人政府的主张太侧重于好人而忽略一般的民众。胡适表示分工并进，殊途同归。胡适在推动民主化问题上对于好人的期待，与其说是由他"精英主义"或"救世主"心态所决定的，毋宁说是中国宪政运动的特质所决定的。这就是，西方自下而上的宪政生长方式，到中国成为自上而下的移植方式。强调精英的作用，是对当时带有民粹主义色彩的国民大会运动、全民政治，以及热血青年学习俄国民粹派"向民间去"的潮流的矫枉过正。

朋友们的来信，则加剧了胡适徘徊于学术与政治之间的痛苦。他在《我的自述》中描述了自己在"这三岔路口"徘徊的痛苦，"一双脚已踏上东街，一双脚还踏在西街，我的头还是回望着那原来的老路上"。胡适明确表示"哲学是我的职业，文学是我的娱乐，政治只是我的一种忍不住的新努力"。他承认谈学术更幸福而愉快，谈政治只是学者的社会责任。

胡适回顾自己谈政治的原因时，谈到以下几方面的因素。一是好人不谈政治，导致政治的堕落。二是谈政治的人们流行谈主义，而不研究政治中的问题。因此，他谈政治，正如他谈文学一样，是他实验主义哲学在政治领域的运用。

好政府主义针对的是民众政治的不现实性，而提倡建立精英政治，发挥知识阶级的作用。好人并非传统道德意义上的好人，而主要指刻意回避政治的五四以来的新知识界。好政府主义谈的是一种"问题政治"，而不是"主义政治"，因而是一种低调政治而不是高调政治。政治上的任何主义，都要落实到体制层面，不管是好人政府主义还是新权威主义。好人政府不是靠道德来感召或维系的，支撑它的只能是宪政政府。当时与军阀、政客不同的知识精英，应该放弃清纯的政治追求，组织政党，参与政争。革命与改良不是手段高下的问题，革命只是改良不成功的后果，会使社会承担更大的阵痛与后果。

二、自由主义的制度建构

以 1928 年 12 月张学良在东北易帜为标志，蒋介石政权取得了形式上的统一。国民党建立南京政权后，试行以党治国，国家没有一部确定政治根本合法性的宪法；要求"党外无党，党内无派"，排斥其他一切政党；追求改造代议制，不再有代表民意的国会，代之以政府五院中的"立法院"。

国民党的倒行逆施引起了自由知识分子的反感，他们纷纷发表言论，批判国民党的一党专政，胡适便是其中的先行者之一。他所主持的《新月》《独立评论》，先后成为鼓吹自由主义的重要阵地，而其核心论题，则是权力制度化、推动宪政民主的问题。

胡适不仅发表了大量富有自由主义精神的政论文字参与思想讨论，更重要的是，他主持的杂志，以开放的、多元的言论姿态，贯彻了言论自由、尊重不同意见的原则。

人权与约法

在鼓吹人权的《新月》时期，胡适曾提出以宪法规定政府权限、保障基本人权的主张。1929 年 4 月，南京国民政府下了一道保障人权的命令，强调世界各国人权均受法律保障。训政开始后，无论个人或团体，不得非法侵害他人身体、自由及财产，违者即依法严惩。

胡适在《新月》2 卷 2 号发表《人权与约法》一文对国民党发布的命令进行反驳，指出人权命令的所谓保障空洞模糊，没有对人权的含义作明确规定，只谈到个人或团体侵犯人权，而不曾提及政府机关。所谓"依法严行惩办"，也不知所依何法，缺乏具体法律条文的规定。而当前人们最感痛苦的是种种政府机关或假借政府与党部机关的势力侵害人民的身体、自由及财产。胡适认为，在国民党政权统治下，对于人权的侵犯多不是来自别的个人或团体，而是来自种种政府党部机关："无论什么人，只须贴上'反动分子''土豪劣绅''反革命''共党嫌疑'等等招牌，便都没有人权的保障。身体可以受侮辱，自由可以完全被剥夺，财产可以任意宰割，都不是'非法行为'了。无论什么书报，只须贴上'反动刊物'的字样，都在禁止之列，都不算侵害自由了。无论什么学校，外国人办的只须贴上'文化侵略'字样，中国人办的只须贴上'学阀''反动势力'等等字样，也就都可以封禁没收，都不算非法侵害了。"

胡适强调，法治意味着对公权力进行严格的约束，要求政府官吏的一切行为都不得逾越法律规定的权限，"在今日如果真要保障人权，如果真要确立法治基础，第一件应该制定一个中华民国的宪法。至少至少，也应该制定所谓训政时期的约法。"胡适呼吁，以"约法"来具体规定人民的身体、自由、财产的权利；以"约法"来规定政府的权限，使政府官吏的一切政治行为不得逾越法律规定的权限。并说，"我们的口号是：快快制定约法以确定法治基础！快快制定约法以保障人权！"

对于胡适的大胆文字，蔡元培来信表示"振聋发聩"，张孝若也称"真佩服先生有识见有胆量"。而不同的议论认为，胡适所提出的完全是法国大革命后的思想，太落伍了。

在稍后的讨论中，胡适还进一步提出了以宪政、宪法监督与限制国民党党权的主张："宪法是宪政的一种工具……政府依据宪法统治国家，人民依据宪法得着保障……凡此种种，皆须靠人民与舆论时时留心监督，时时出力护持，如守财奴的保护其财产，如情人的保护其爱情，偶一松懈，便让有力者负之而走了！故宪法可成于一旦，而宪政永无告成之时。"胡适坚持，不但政府的权限要受约法的制裁，党的权限也要受约法的制裁。如果党不受约法的制裁，那就是一国之中仍有特殊阶级超出法律的制裁之外。

胡适还着重批评了国民党的一党专政与训政理论。

孙中山的《建国大纲》将建设程序分军政、训政、宪政三时期，军政时期一切制度悉隶于军政之下，训政时期由国民党独揽大权，待国民党训练人民实现县自治，而后多数省实现地方自治后才召开国民大会，制定宪法，进入宪政时期。

胡适认为，孙中山的根本错误在于误认宪法不能与训政同时并存，其实宪法之下正可以做训导人民的工作。而没有宪法或约法，训政只是专制，绝不能训练人民走上民主的路。《建国大纲》里，不但训政时期无约法，直到宪政开始时期也还没有宪法。孙中山认为《临时约法》的失败在于未经军政、训政而直接实行宪政。胡适则认为，无宪法的训政只是专制，只有实行宪政的政府才配训政。民治主义的根本观念是承认普通民众的常识是根本可信任的，民治制度的本身便是一种教育，本身便是最好的政治训练，不可因人民程度不够便不许他们参政。人民需要的训练是宪法之下的公民生活，政府与党部诸公需要的训练是宪法之下的法治生活。他要求政府要员们先用宪法来训练自己，否则人民"只看见衮衮诸公时时打架，时时出洋下野而已"，"只看见衮衮诸公的任意侵害人权而已"。他认为必须"立一个根本大法，使政府的各机关不得逾越他们的法定权限，使他们不得侵犯人民的权利——这才是民主政治的训练"。显然，批评《建国大纲》并不是胡适的根本目的，他力图从理论上、根源上讨伐国民党的训政理论，发挥他的"训练、限制"政府的主张。

呼应胡适的人权呼声，并进一步发挥自己的人权理论的是罗隆基。他在《新月》发表了《人权论》《什么是法治》等文字，呼吁人权与法治。罗隆基强调，欧美等国都把权利与法律当成不可分割的概念，各国人权大都以宪章、宪法、法案、公约的形式表达和规定，因此，"争人权的人，先争法治；争法治的人，先争宪法。"

以胡适为代表的人权派的呼声，受到国民党方面的查禁。不但《新月》多次被没收焚毁，罗隆基也一度被捕，胡适本人也受到国民党理论家们的围攻，不得不辞去中国公学校长的职务。但这一切没有改变胡适的政治信仰。他请人将《新月》杂志转给蒋介石，并坚决表示："不读我们的文字但凭无知党员的报告，便滥用政府的威力来压迫我们，终不能叫我们心服的。"

以胡适为代表的人权派，发起了中国近代以来较为纯粹的人权运动。他们对自由、人权、宪法的宣传，是一场深刻的思想启蒙运动。

武力统一与政治统一

建立统一的现代民族国家，是中国现代化进程中的首要任务。这一目标，也为多数政治派别所共同认可。但是，使用怎样的方法完成国家统一的任务，却众说纷纭，无法形成共识。

胡适认识到，建立统一的国家，组织能够肩负救国责任的统一政府，是摆脱民族危机的重要前提，但胡适所提出的方案，与他的朋友们是不一样的。

1933 年 12 月，胡适的朋友、清华大学历史系教授蒋廷黻在《独立评论》发表了《革命与专制》等文章。蒋廷黻认为，在割据的环境之下，革命可能演变成不择手段的争地盘、抢官做，成为"败家灭国的奢侈品"。当前中国的基本形势是"政权不统一，政府不得好"。从历史上看，只有经过专制才能形成民族国家，革命才不致引起割据。蒋廷黻认为，中国没能像英国、法国、俄国那样，经历过王朝专制时期，唯有先经过一个"专制建国"阶段，国家才能有效地走向现代化。在蒋廷黻看来，中国人看重私忠而缺乏公忠精神，以个人专制来统一中国的可能性，比任何其他方式的可能性都要高。中国仍是一个传统的社会，统一仍需要以传统的"马上得天下"的方式来完成。何况，即使现在的政治专制只是两千年来专制的延续，"科学与机械"也能够改造中国，给中国一个新生命。

清华大学社会学教授吴景超的看法，与蒋廷黻类似，他明确提出武力统一是具有历史依据的。吴在《革命与建国》的文章中指出，中国历史上的统一，几乎没有例外地以武力方式完成的。中国历史上通行着一个治乱循环的法则，即以三个阶段为一个周期：因苛政至人民不安以至革命而现状推翻；自群雄相争至天下统一；自善政至和平恢复。而当今中国仍未跳出群雄相争的阶段，目前最重要的是解决统一问题。

胡适既批评了蒋廷黻的专制建国论，也批评了吴景超的武力统一论。胡适指出，与其说专制是建国的必要阶段，不如说政权统一是建国的条件，统一的政权也不一定要靠专制来维持。"建国"是要使中国民族国家在现代世界里站得住脚，中国现时还没有出现能够专制的人、政党或阶级，专制训政更需要特别高明的天才与知识，他不相信中国今日有什么大魔力可以号召全国人的情绪与理智，使全国能站在某个领袖或某党某阶级的领导之下，造成一个新式专制的局面。

至于武力统一论，胡适认为，中国历史上不乏"武力统一"的例子，其结局依然是山河破碎，"历史例证"并不能普遍适用。他强调武力统一的不可行，中国人民不允许内战，中国的物质状况也不容许那一点中央军队去做西征南伐的武力工作。

胡适以"民主统一"论，反对"专制建国"论，以"政治统一"论，尤其是"制度统一"，反对"武力统一"论。他认为，要用民主的政治制度来逐渐养成全国的向心力，逐渐造成人民以对国家的"公忠"取代"私忠"，谋求国家的真正统一。

胡适认为，中国民族自救运动的失败，最主要的原因是六七十年间追求一个社会政治重心而终不可得。中国缺乏天然的社会重心，应该重新塑造一个人工的社会重心。人工的社会重心必须具备六个条件："必不是任何个人，而是一个大的团

106

结"，"必不是一个阶级，而是拥有各种社会阶级的同情的团体"，"必须能吸收国中的优秀人才"，"必须有一个能号召全国多数人民的感情与意志的大目标，他的目标必须是全国的福利"，"必须有事功上的成绩使人民信任"，"必须有制度化的组织使他可以有持续性"。

胡适认为，国民党已经逐渐丧失了成为社会重心的资格。执政的国民党缺乏真正的领袖，缺乏远大政治眼光与计划，能唱高调而不能做实事，能破坏而不能团结，能钳制人心而不能收拾人心，因而渐渐失去了做社会重心的资格。他提议建立一个"人工的社会重心"，即以一个拥有各种社会阶级的同情的团体、能够吸纳国中优秀人才的团体，来取代国民党做社会重心。他提议由国中的知识阶级和职业阶级的优秀人才组织一个可以监督政府、指导政府并且援助政府的干政团体。形成一个可以称为"建国大同盟"的有力量的政治大组合，因为今日的问题是怎样建设一个统一的、治安的、普遍繁荣的民族国家的问题。所要担负的政治责任，就是这个建设国家的责任。

在《政治统一的途径》一文中，胡适更详细地阐发了自己的观点，即养成政治向心力的政治制度是"国会"。在胡适看来，国会是中央与各省交通连贯的中枢，是统一国家的一个最明显的象征，地方要改变那种与中央政府"无事不登三宝殿"的关系，通过国会参与中央政治。国会的功用在于可以代替机关枪对打，"各省要捣乱，就请到国会里来大家一块儿捣乱"，这无论如何，"总比'机关枪对打'要文明一点"。历史、文化、语言、风俗、宗教等则是统一国家的历史的维系；新教育、行销全国的大报纸，由教育、报纸面传播开的民族观念、国家观念、爱国思想，以及新兴的交通机关如电报、邮政、轮船、铁路等，则是"新兴的"维系统一的力量。这力量与各省选举产生的国会制度相结合，全国就能做到真正的统一。

当然，中国统一之路，并没有按照胡适的设计而行，中国仍然走的是武力统一的路子。不可否认的是，胡适的观点，虽然过于理想化，但却代表着人类政治文明演化的方向，人类的各种政治纷争，应该以非暴力的方式来解决。

民主与独裁

20 世纪 30 年代前期，随着国难临头，德、意、日势力的日益扩张，中国逐渐形成一股法西斯主义思潮。国民党内出现了公开捧蒋介石为独裁领袖、鼓吹国家至上和领袖至上的舆论，有人公然主张"法西斯主义救中国"，"三民主义为体，法西斯主义为用"。蒋介石本人虽然避免直接公开宣扬法西斯主义，但他是欣赏法西斯制度的。一部分知识分子也开始在民主与独裁之间摇摆起来。

胡适的好朋友，地质学家丁文江，即是"新式独裁"的鼓吹者。丁文江本是一个民主主义者，但 1933 年到英、美、德、苏旅行一番后，他宣布对议会政治、平民政治失去兴趣，转而崇拜"新式的独裁"。丁文江认为，民主宪政取得成绩的国家都是政治经验丰富的国家，中国多数人民不识字，也未必对政治感兴趣，因此应放弃民主政治的主张，搞新式的独裁。他还提出了新式独裁的条件，即独裁的首领要彻底了解现代国家的性质，要能够利用全国的专门人才，要利用目前的困难来号召全国有参与政治资格的人的情绪与理智，使他们站在一个旗帜之下。丁文江呼吁知识阶级联合起来，"把变相的旧式专制改为比较新式的独裁"。在他看来，新式的独裁也许还可以保存国家的独立，要不然只好自杀或是做日本帝国的顺民。

政治学家钱端升在《东方杂志》发表《民主政治乎？极权国家乎？》一文，表现出对极权政治的公开倾慕。钱认为，民主政治不可补救的缺点是无法承担现代国家繁重的经济职能，中国急需于最短时期内成一具有相当实力的国家，以沿海工业化带动内地农业，而沿海工业化之实现，则国家非具有极权国家所具有的力量不可，"中国所需要者也是一个有能力、有理想的独裁"。钱端升曾获得美国哈佛大学政治学博士，但此时，他放弃了曾经对英美政治的肯定。在他看来，即使中国实现了英美式的民主，国家也会软弱无力，不足以与别的民族国家作经济上的竞争。

在有关民主与独裁的大讨论中，胡适坚持，民主化才是中国唯一的出路。在胡适看来，许多崇拜民主政治的人，把民主宪政看成高不可攀的政治理想，所以主张必须有一个或者是"训政"或者是"开明专制"的过渡时期。胡适认为，民主政治的政治经验是不难学得的，英美国家的绝大多数的阿斗也不是时刻干预政治的。如果"能使那大多数'看体育新闻、读侦探小说'的人每'逢时逢节'都得到选举场里想想一两分钟的国家大事"，这也就是英美式的民主政治了。这正是"幼稚园的政治"。

民主政治之所以是一种幼稚园的政治，在胡适看来，这是因为它所要求的前提条件并不苛刻。民主国家当中，从政的并非一流人才，第一流的英杰都从事科学研究、经济活动；民主国家的公民也并不具有突出的知识文化水平，平时"他们去看棒球，看赛马，看 Cricket，看电影"，并不积极投身政治，"只要他们'逢时逢节'来画个诺，投张票，做个临时诸葛亮，就行了。"而民主政治的优长之处则是专制政治所无法比拟的，这就是它灵活的纠错机制所具有的伸缩余地，"民主国家有失政时，还有挽救的法子，法子也很简单，只消把'诺'字改成'No'字就行了。"而且，提供芸芸众生参与政治的机会，对他们进行政治教育与训练，才能使其明白自己权利之所在。胡适只把英美选举制度当成民主的核心，这当然是一种粗浅的表面化的论说方式。

独裁论者把独裁政治看成是世界性的潮流，甚至连英、美都要行独裁。而胡适则坚定地相信，中国今日若真走上独裁的道路，所得的绝不会是新式的独裁，而一定是残民以逞的旧式专制。胡适坚持，独裁政治不可得，既无必要也无可能，达不到令沿海工业化的目的。甚至说，今日提倡独裁的危险，简直不只是"教猱升木"，而是教三岁孩子放火。

在这场大讨论中，也有不少学者支持胡适的观点。陶孟和指出，人类是有缺点的动物，至今人类还没有发现完美的政治制度，但民主制度比其他一切制度较少缺点，"所以有人比较独裁与民治的安稳问题，以为民治好似一个金字塔，独裁好似一个倒立的金字塔。"张熙若认为，独裁政治在平时为自己造奴隶，在外患深入时是代敌人制造顺民，不能实行独裁制度的最大的原因就是因为"有自由，平等，个人解放，唯理主义，以及其它许多新时代的思想在那里作梗"。

后来，胡适还为"民主与独裁"的大讨论做了总结。胡适指出，这次讨论尽管观点不尽一致，但可求得"一个共同政治信仰"，这"最低限度的共同信仰"是"国内问题取决于政治而不取决于武力"。他开始承认国民党起草宪法是一种进步的努力，值得善意的称赞。虽然胡适在态度上有调和各种观点的改变，但他始终坚持了宪政民主的大方向。

党治与宪政

政党是现代政治生活中不可或缺的要素。国民党建立一党专政的统治后，党治的是非，一直是中国思想界论争的焦点。

胡适因中国历史上无政党政治的传统及民初政党政治的失败，不甚注重政党政治，早在《努力周报》时期，即对政党政治的局限性提出自己的看法。他把政论家分成三种：服从政党的政论家、表率政党的政论家、监督政党的政论家。监督政党的政论家是独立的、超然的，立于各党各派之上，做调解、评判与监督，他们既无政党，自无政权，武器有二：第一是造舆论，第二是造就多数独立的选民。"在这个本来不惯政党政治，近来更厌恶政党政治的中国，今日最大的需要决不在政党的政论家，而在独立的政论家。"

在二十世纪二三十年代有关中国政治出路的大讨论中，胡适也主张造成"全国家的、超党派的政治"。在他看来，民国初年的政治闹剧是因为人们迷信民主政治必须是政党政治，世界政治趋势已经使人民减轻了对政党政治的迷信，在本来厌恶政党政治的中国，政党的信用更加减低。他认为孙中山的五权宪法主张也体现了"无党政治的精神"，如果将来的宪政能够逐渐实行"五权宪法"，中国的宪政大可以不必重演政党纷争和分赃的老路，而从一党的政治走上无党的政治，使政治制度在中国建立一个足为世界取法的特殊风范。他认为民主政治不一定必须经过政党政治的一段。人民的福利高于一切，国家的生命高于一切。他还表示，即使可以自由组党，自己也不会加入任何党，但国民党为公道与收拾全国人心，应公开政权，允许全国人民自由组织政治团体。胡适还常同外国友人讨论他的"无党政治"观点。在和美国友人讨论补救代议政治的办法时，胡适认为，考试、监察、司法、立法、行政制度皆可无党。

胡适认为，国民党应该开放党禁，开放政权是国民党政治改革的大路，政权有被人取而代之的可能会迫使国民党干得更高明些。"树立一个或多个竞争的政党正是改良国民党自身的最好方法。"这不是让国民党立即下野，而是让它建立在更稳固的宪法的基础上。

当时，一些学者认为，开放政权与取消党治在国难严重时期是不切实际的，维持党的系统更为方便高效，需要改革的只是国民党的中政会一类组织。而胡适认为，国民党组织不全，派别歧异，维持国民党政府的系统并不是最方便的改良内政之道。改革中政会不如让人民的代表机关来监督政府，不如实行宪政。

胡适所坚持的民主，是代议制的宪政民主。胡适认为，不能用议会政治是资本主义的产物一类的话来抹杀议会政治，"我们要明白宪政和议会政治只是政治制度的一种方式，不是资产阶级所能专有，也不是专为资产阶级而设的。"议会政治与宪政并不反对"民生"问题，也不是和"社会主义的政治制度"不相容，"我们不相信'宪政能救中国'，但我们深信宪政是引中国政治上轨道的一个较好的方法。宪政论无甚玄秘，只是政治必须依据法律，和政府对人民应负责任，两个原则而已"。胡适的观点，正是从自由主义的立场出发的。

显然，胡适是反对党治，坚持宪政的，但他对政党在宪政民主中的作用认识上有矛盾之处。

如果说二三十年代胡适对政党政治还有保留性的看法的话，胡适晚年倾向于承认反对党在政治自由当中的重要性："自由主义在这两百年的演进史上，还有一个特殊的空前的政治意义，就是容忍反对党，保障少数人的自由权利。"胡适把这看成是"近代自由主义里最可爱慕而又最基本的一个方面"。反对党存在的作用在于"第一是为政府树立最严格的批评监督机关，第二是使人民可以有选择的机会，使国家可以用法定和平方式来转移政权"。

胡适还发表文章，谈两类不同的政党。甲式政党无固定人数与党籍，党员言论自由无纪律约束，其目标是在两党或多党竞争中争取多数党的地位。乙式政党是一种严密的组织，党员必须服从党的纪律，其目标是一党专政。孙中山在革命事业困难的时候，改组国民党，"从甲式的政党变成乙式的政党。但中山先生究竟是爱自由讲容忍的人，所以在他的政治理想系统里，一党专政不是最后的境界，只是过渡到宪政的暂时训政阶段。他的最后理想还是那甲式的宪政政治。"

二十世纪二三十年代，胡适对于政党功用的认识仍有不清晰之处。很难想象，没有政党活动于其间，议会将如何运作。他挺议会而贬政党，实际仍受"君子群而不党"的传统遗风影响。当时即有学者批评他对政治的消极态度。胡适所谓"如果此时可以自由组党，我也不会加入任何党"的消极态度，"将永远看不到他们理想中的宪法或政制出现"。这些人认为自由知识分子如不满意现存政治制度，应该凭自己的理想与信心来奋斗，来行动，作大规模的改革运动，而不应袖手旁观或纸上谈兵。

无为政治论

1932 年 11 月，在汉口第一次见蒋介石的时候，胡适送他一本《淮南王书》。《淮南王书》本是汉武帝时期淮南王刘安的作品。这本书主张虚君，人君应"处尊位者为尸"，以"以无为为之"。其次，主张以法为治，限制君王随意施恩行暴。同时，强调君主知识有限，能力有限，必须依靠"众智众力"，"乘众人之智则无不任也，用众人之力则无不胜也"。再次，君主服从于民意，"人主者，以天下之目视，以天下之耳听，以天下之智虑，以天下之力争。"最后，承认君臣之义的相互对等性，"君臣之施者，相报之势也"，"臣不得其所欲于君者，君亦不能得其所求于臣也"。

胡适所著《淮南王书》，是他 20 年代末 30 年代初油印的《中古思想史长编》第五章的内容，于 1931 年由上海新月书店出版单行本。胡适认为，道家思想兼收并蓄，集古代思想的大成，而《淮南王书》又集道家的大成。道家政治主张的核心思想是"无为政治"。中国传统的"无为政治"与现代民主政治是具有相通之处的。胡适研究《淮南王书》中的"无为"政治哲学时，显然融入了自己的民主理想。胡适将《淮南王书》送给蒋介石，是颇有深意的，"我的意思是希望他明白为政之大体，明定权限，而不'侵官'，不越权。如此而已。"

胡适十分欣赏蔡元培主持北大和"中央研究院"时期"只

谈政策，不管行政"的领导作风，而对蒋介石的行事专断、事必躬亲表示了反感。他曾苦口婆心地劝告蒋："最高领袖的任务是自居于无知，而以众人之所知为知；自处于无能，而以众人之所能为能；自安于无为，而以众人之所为为为。凡察察以为明，琐琐以为能，都不是做最高领袖之道。"到台湾后，胡适讲述了艾森豪威尔总统的两个故事，来给蒋介石祝寿，希望蒋"无智无能无为"，做到无智而能御众智，无能无为而能御众势。

胡适还在《独立评论》发起了有关"无为政治"的讨论，仅他自己就发表了《从农村经济谈到无为的政治》《再论无为的政治》《建设与无为》等文章。

胡适谈"无为政治"起因于国民政府将他的名字列入"农村复兴委员会"的名单当中。胡适所贡献的"门外汉"的意见则是，与其积极救济，不如消极救济，"救济农村必须赶紧努力做到减轻正税和免除一切苛捐杂税；而减除捐税必须从裁官、省事、裁兵三事下手。"他认为，中国人有着两千年来天高皇帝远而引起的"无治主义的民族性"，"现时中国所需要的政治哲学，绝不是欧美十九世纪以来的积极有为的政治哲学"，应把别的建设事业暂时停顿下来，把政府的权力缩小到警察权。人民有了治安，自然会去发展种种积极的事业。

胡适的"无为政治"主张引发了争论。

弘伯认为，"无为哲学"之所以现在还用得上，实在不是胡适老博士的错，而是国人两千年来的不长进，但"现时我们所需要的，正是欧美十九世纪以来积极有为的政治哲学，而不是二千四百年以前消极无为的政治哲学"。蒋廷黻也替国民党所从事的建设工作辩护。他认为，改良农业与发展工业的建设事业不可堵塞。

区少干支持了胡适的观点，并进而认为政府的职权不是"缩小"到警察权的问题，而是"扩大到"警察权的问题，因为政府还没有做到警察权的地步，只有先做到无为之为，才能做到有为之为。农村的复兴特别需要无为，无为政治的目的在于与民休息。

熊十力的《英雄造时势》一文也称赞了胡适的看法。他批判国民党政治信用全失，耗费许多民脂民膏，却绝对无所事事，"一切标语，一切宣言，一切议案，皆尽极好的说，而观其行事，则全不相应。"由此，他称赞"胡适之先生的'无为'主张，于此时真是对症药"。

面对不同意见，胡适再度为他的观点辩护。他强调除弊是政府的首要任务，这种消极的政策正是当前需要的最积极的政策。无为的政治是大乱之后恢复人民生活力的最有效方法，是有为政治的最有效的预备。这种"消极"的政策也就是今日最需要的积极政策。胡适反复强调，建设是专门的技术事业，不可用于政治目的，不可用于装点排场。有为的建设必须具备有为的时势，必须有其客观物质条件。自己反对的是盲目害民的建设。盲目是因，害民为果。政府目前还不配谈建设工作，只能做点与民休息的仁政。

胡适也谈到了可做的建设事业，那就是以专家计划、专业人才，使建设事业专业化、技术化。如果没有第一流的农科大学，培养出农学领袖人才，"一切'农业改良''农村复兴'的呼声都不过是热空气而已"。

在古典民主阶段，政府只是扮演"警察"或"守夜人"的角色，人们普遍认为拥有最小权力的政府就是最好的政府。但随着现代社会工业化进程的发展，大规模的经济活动十分频繁，政府的职能大大加强，尤其是中国幅员广大，规模堪比整个欧洲，片面强调最小政府，显然是不合实际的。"有为政治"与"无为政治"的争论，主要表现出以胡适为代表的自由知识分子，对于国民党政府在社会中的角色与功能的怀疑。

三、自由主义与现代政治

极权主义批判

20世纪，世界政治格局的一个奇观就是，一方面，民主化进程在日益推进，另一方面，现代极权主义也披着"真民主"的外衣，风靡一时。人类文明处于歧路彷徨当中。两次世界大战的爆发，与这种政治走向不无关系。

早在40年代初，胡适便展开了对现代极权主义的批判。在中国自由知识分子当中，胡适应是最早的反思者。1941年7月8日，胡适在密歇根大学希尔礼堂发表了题为"The Conflict of Ideologies"的英文演说，听者有两三千人。这是胡适一个月思考左右的结果。1948年，文章题目修改为《民主与反民主的观念体系的冲突》，在自由主义刊物《正论》杂志以中文发表。

胡适从对 Ideologies（意识形态）的解释谈起，将它解释为一种"观念体系"，一个中性的词汇，反对将它当成是"纯粹胡说"的贬义词。他将战争的根源，归于"观念体系的冲突"，并把第二次世界大战概括为民主与极权、自由与奴役的冲突，即民主生活方式与极权生活方式的冲突。

在胡适看来，"观念体系冲突，实际上就是极权主义制度对于在观念体系上毫无防御和准备的民主政治的一种侵略性的攻击"。"这个冲突乃是关于生活、社会、经济组织以及政治制度的几种互相抵触，互相反对的理想系统中的一种真正的冲突。"

胡适如此解释极权主义的起因："无论采取武力、外交或隔离，任何手段都不能制止世界上反民主主义的蔓延。这个世界还不曾是民主主义的安全处所。凡是有混乱不宁的地方，都变成了独裁制度孕育滋生的沃土。好像专制的统治居然能引领人们走向'秩序''力量''就业''富强''光荣'的道路。是的，它还引诱人们走向乌托邦去。"

胡适列举了美国学者概括的极权主义的21点特征，如狭义国家主义的情绪提高至宗教狂的程度；由像军队那样严格约束的政党来执掌国家的政权；严厉取缔一切不赞成政府的意见，"领袖"等于神，政党控制新闻，统制一切创造性的艺术；工业、农业、商业，皆受执政党及领袖之统制，等等。

胡适还区分了"极权文明"与"民主文明"：前者主张激进的革命方式，后者主张进步和逐渐改革的方式。前者采取生硬的划一，后者主张变化及个人发展。一切激进照例都要走上政治独裁的道路，因为只有绝对的力量才能完成激进的工作，才能整个推翻现存的社会制度。他认为，"真正的观念体系的冲突，可以还原到这两种基本观念的冲突里面去：第一层，这是急进革命的方法，与渐进的改善的方法的冲突；其次，这是企图强迫划一，与重视自由发展的冲突"。在两大观念体系的冲突中，他强调："为了民主的生活方式，和民主的制度而辩护，必须对于健全的个人主义的价值具有清楚的了解，必须对于民主主义的迟缓渐进的改善的重要性，具有深刻的认识。"

胡适这篇文章，开启了中国知识界对现代极权主义的反思与批判。

1947年8月1日，胡适在担任北大校长期间，发表了《眼前世界文化的趋向》的广播演说。在演讲中胡适指出，几百年来交通便宜、世界文化相互密切接触的结果，造成了世界文化趋向的混同与一致。在这一自然趋势中，胡适充分肯定了科学技术增进人类幸福、社会化的经济制度改善人类生活、民主自由制度造成自由独立人格的三大目标。

谈到世界文化发展的第三个理想目标时，胡适坚定不移地相信："用民主的政治制度来解放人类思想，发展人类的才能，造成自由的独立的人格。"

谈到民主政治作为时代潮流时，胡适表示，现在的时髦是个人应牺牲自由，以谋阶级的自由。但这不是世界潮流，"从历史上来看世界文化的趋向，那民主自由的趋向，是三四百年来的一个最大目标，一个明白的方向。最近三十年的反自由、反民主的集团专制的潮流，在我个人看来，不过是一个小小的波折，一个小小的逆流。我们可以不必因为中间起了这一个三十年的逆流，就抹杀那三百年的民主大潮流、大方向。"胡适认为俄国革命"造成了一种不容忍、反自由的政治制度"，"是历史上一件大不幸的事"。

胡适的广播演说引起了很大震动，当时即有听众表示反驳，有的说："历史的潮流并不是固定在走的那个方向。若说历史只是一个潮流，而且这个潮流一定获胜，那就未免太过于简单，过于乐观了。"也有的说："世界上分成两个壁垒，倒未尝不是可以乐观的。假如世界成了清一色的文化，无论怎么说也是不好的。若说这一个是大潮流，那一个只是小波折，那是看得过于单纯，也有点偏袒了。"显然，他们并不完全赞同胡适对于潮流与逆流的划分，也认为胡适的态度并非客观中立的。

为了回复听众的疑问，胡适在是年8月24日的《大公报》上发表《我们必须选择我们的方向》的文章。胡适坚定地重申了他的三个"深信"："我深信思想信仰的自由与言论出版的自由是社会改革与文化进步的基本条件"，"我深信这几百年中逐渐发展的民主政治制度是最有包合性，可以推行到社会的一切阶层，最可代表全民的利益的"，"我深信这几百年（特别是这一百年）演变出来的民主政治，虽然还不能说是完美无缺陷，确曾养成一种爱自由，容忍异己的文明社会"。这三个"深信"，正是胡适"偏袒"民主自由作为时代发展大方向的原因。胡适最后表态说："我们中国人在今日必须认清世界文化的大趋势，我们必须选定我们自己应该走的方向。"

胡适替中国所选择的方向，是自由主义。但传统的局限，现实政治的严酷性，使中国并没有走胡适所指明的方向。

50年代初期，胡适接触到哈耶克的思想后，进一步公开表达了对自己一度信仰社会主义的忏悔。胡适承认，自己曾经相信，社会主义是民主运动发展的自然趋势，是西方文明的新宗教。但是，几十年的历史证明，像德、意这样的极"右"的社会主义，苏俄这样的极"左"的社会主义，"拿国家极大的权力来为社会主义作实验；而这两种实验的结果都走到非用奴役、集中营，非用政治犯，强迫劳工，非用极端的独裁，没有方法维持他的政权"，都失败了。而哈耶克认为一切形式的计划经济，都是反自由主义的，一切社会主义都是反自由的。哈耶克的说法打动了胡适，所以胡适的结论是，社会主义要成功，非得用独裁不可，非得走向哈耶克的"通往奴役之路"不可。抛弃社会主义而归向资本主义是一个普遍的趋势。"我们还是应由几个人来替全国五万万人来计划呢？还是由五万万人靠两只手，一个头脑自己建设一个自由经济呢？"

显然，胡适晚年，由一个兼容社会主义的自由主义者，转向了抛弃社会主义的自由主义者。

自由主义与容忍

对于自由主义的系统思考，也在胡适晚年展开。

1948年9月发表的《自由主义》一文中，胡适阐述了自己对于自由主义的解释。胡适追述东、西方自由主义传统的异同，并总结了自由主义的四大意义，即：自由、民主、容忍反对党、和平的渐进的改革。

胡适区别了东、西方自由主义的不同。老子是一位大胆批评政府的人，孟子可以说是全世界的自由主义的最早的一个倡导者，汉朝的儒教、继之而起的佛教、佛教衰落之后理学的兴盛，王阳明学派反抗朱子的正统思想，都证明中国思想史上也曾有多少次批评正统思想或反抗正统思想的运动，"但是东方自由主义运动始终没有抓住政治自由的特殊重要性，所以始终没有走上建设民主政治的路子。"西方的自由主义的绝大贡献，就在于觉悟到只有民主政治方才能够保障人民的基本自由，认识到国家的统治权必须放在多数人民手里。近代民主政治制度是盎格鲁—撒克逊民族贡献居多，"代议制度是英国人的贡献，

121

成文而可以修改的宪法是英美人的创制，无记名投票是澳洲人的发明，这就是政治的自由主义应该包含的意义"。显然，胡适认为中西自由主义传统最大的差异在于，中国缺乏政治自由的观念及制度化的自由保障。

在胡适看来，自由主义最浅显的意思是强调尊重自由，现在有些人否认自由的价值，同时又自称是自由主义者。自由主义里没有自由，那就好像长坂坡里没有赵子龙，空城计里没有诸葛亮。"自由主义就是人类历史上那个提倡自由，崇拜自由，争取自由，充实并推广自由的大运动。"这种自由包括信仰自由、思想自由、言论自由、出版自由。人类历史上的自由主义运动是一大串解除威权的束缚的努力。

胡适认为，中国古代有民主思想，而无民主制度。中国是曾有"天视自我民视，天听自我民听"，"民为邦本"，"民为贵，社稷次之，君为轻"的民主思想，曾在两千年前就废除了封建制度，成了大一统的国家，建立了全世界最久的文官考试制度，但中国始终没法解决君主专制的问题，始终没有建立起限制君主专制的制度。世界上只有盎格鲁—撒克逊民族在七百年中逐渐发展出几种民主政治制度，这就是代议制度、成文宪法、无记名投票。这都是无论大国小国可以取法的民主制度。

胡适还强调了"近代自由主义里最可爱慕而又最基本的一个方面"，这就是，容忍反对党，保障少数人的自由权利。容忍是自由的根源。在现代，自由的保障全靠一种互相容忍的精神，无论是东风压了西风，还是西风压了东风，都是不容忍，都是摧残自由。多数人若不能容忍少数人的思想信仰，少数人当然不会有思想信仰的自由。反对党的对立，第一是为政府树立最严格的批评监督机关，第二是使人民可有选择的机会。

最后，胡适指出，现代的自由主义还含有"和平改革"之意。和平改革有两个意义，第一就是和平地转移政权，第二就是用立法的方法，一步步做具体改革，一点一滴求进步。反对党的存在，使国家可以用法定的和平方式来转移政权，这是现代民主国家做到和平革新的大路。自由主义是"不革命主义"，凡主张彻底改革的人，在政治上没有一个不走上绝对专制的路。自由主义为了尊重自由与容忍，当然反对暴力革命与暴力革命必然引起的暴力专制政治。

以后，胡适进一步阐发了自由主义与容忍的关系。1959年，他在《自由中国》发表了《容忍与自由》一文。胡适回顾母校康奈尔大学史学大师布尔教授的一句话，即"我年纪越大，越感觉到容忍比自由更重要"，并进而发挥为"容忍是一切自由的根本：没有容忍，就没有自由"。

胡适引用了《王制》中的"四诛"，揭示中国专制政体之下禁止新思想、新学术、新信仰、新艺术的根据。而从西方宗教自由、思想自由、政治自由史上，胡适得出了容忍最难得的结论。人们习惯于喜同而恶异，不喜欢和自己的信仰、思想、行为不同的人相处。一切对异端的迫害，一切对"异己"的摧残，一切宗教自由的禁止，一切思想言论的被压迫，都由于"深信自己是不会错的心理"。因为深信自己不会错，所以不能容忍任何和自己不同的思想信仰。一个宗教团体总相信自己的宗教信仰是对的，而和自己不同的宗教信仰必定是异端邪教。一个政治团体总相信自己的政治主张是对的，而把持不同政见者看成敌人。胡适强调，容忍是一切自由的根本；"容忍'异己'是最难得，最不容易养成的雅量"。指出自己"要用容忍的态度来报答社会对我的容忍"。

著名自由主义思想家殷海光认为，胡适思想不过是开放社会里平实易行的自由思想，既不堂皇壮观，又非玄不可及。中国需要胡适思想的熏陶，胡适思想必须在中国普及，中国才有起死回生的可能，"其他的思想路子，不是情感的发泄，就是历史的浪费。一个国邦，岂能长期在情感的发泄和历史的浪费之中存在下去么？"他甚至以胡适思想的消长，作为中国国运起伏隆替的寒暑表。中国人多容纳并吸收胡适思想之时，正是中国比较和平、安定、进步，趋向开明之时。反之，中国的国运乖违，祸乱如麻，趋向固蔽之时，也就是胡适思想横遭排斥与嫉视之时。

而殷海光的学生林毓生则认为，胡适并没有正视与思考一个严肃的问题，即引进西方发展出来的民主制度与精神到与西方甚为不同的中国来的进程问题。除坚持自由主义的立场外，胡适在常识层次上谈论自由、民主的时候，是颇为正确的。不过他基本上是在谈"是什么"与"应该实行什么"，不顾及"如何去实现"的问题。即便在"是什么"这一范畴内，他关于自由与民主的言论也是经不起深究的。因此"适之先生遗留下来的启蒙思想，在今天看来，可以继承的相当有限"。

殷海光、林毓生这一对师生对胡适思想遗产之所以有如此的差异，乃在于他们各自所处的环境与角度。前者处于国民党集权统治未消失的时候，后者处于台湾民主化进程已然推进的事实。前者着眼于胡适思想的价值意义，后者立足于胡适思想的学术性。

第4章

万国之上犹有人类在：胡适的世界观

胡适长期与西方社会打交道，他对国际政治、外交政策等问题常有着独特的思考，他也常从世界大势中思考中国的命运与前途。世界主义情怀，是他这一思想的理想层面，而意识形态、国家利益考量，则是影响他思想走向的现实性因素。

一、世界主义与世界公民

世界主义

世界主义是一种带有理想主义色彩的政治思潮，要求人们超越地域、民族、国家、宗教、文化等等的局限性，从整体人类文明的高度，理解与尊重公平、正义、和平等普世性价值。世界主义是排斥种族偏见、狭隘的国家民族观念的。在一定意义上，世界主义与民族主义是相互排斥的。

19世纪末20世纪初，世界主义浪潮在欧美弥漫，美国大学校园更是世界主义运动的中心。各种学生社团组织，纷纷以世界主义为旗帜。留学期间，胡适参加了学生性的世界主义运动，并成为活跃分子。他相信，与来自世界各地的青年学生交往，将开扩眼界，培养同情心、正义感，超越狭隘的民族主义情绪。他常在日记中摘录若干励志格言，鼓励自己成为一个"世界公民"，如"智者的祖国就是世界""苏格拉底说他既不是一个雅典人也不是一个希腊人，只不过是一个世界公民""我的祖国是世界，我的宗教是行善""世界是我的祖国，人类是我的同胞"，等等。胡适还引用康奈尔大学史学教授葛得宏·斯密斯的一句名言"万国之上犹有人类在"来表达自己世界主义的情怀。

胡适首次论及"世界主义"是在 1913 年 4 月，他说："吾之世界观念之界说曰：世界主义者，爱国主义而揉之以人道主义者也。"这时，他的世界主义与爱国主义是相协调的。在他看来，越是爱国者，才越能成为世界主义者。

在这段时间，胡适主要把世界主义表述为"大同主义"。当时，美国活跃着各种以世界主义为标榜的组织，胡适参与其活动，并做过多次演说，如"大同主义哲学""大同主义之沿革""大同主义之我见""大同主义"，等等。而为达到世界大同的目的，则应反对狭义的国家主义及种族成见。正面地，则应提倡"世界的国家主义"。这意味着"爱国是大好事，惟当知国家之上更有一大目的在，更有一更大之团体在，葛得宏·斯密斯所谓'万国之上犹有人类在'是也。"

胡适还强烈地批判国际之间的弱肉强食之道，认为强权主义为"禽兽之道"，强调要以人道易兽道，以公理易强权。他在认同社会进化论的同时，反对社会达尔文主义。"天择"之上尚有"人择"，天地不仁，人可胜天。显然，胡适是以道德主义的立场来维护国际之间的公平正义的。

反思欧洲战祸

胡适留美期间，也正是第一次世界大战爆发与蔓延的时期。战争对人类文明的惨烈破坏性，引发了胡适对战争的反思，他积极鼓吹和平主义。

在《记欧洲大战祸》一文中，胡适详细叙述了战争爆发的起因与经过。他指出，战争深受所谓"攻守同盟"之害。所谓同盟国、协约国之间的盟约，不但无助于和平，反而加剧了战祸。战后可能成为东、西欧之间的对峙，欧洲均势将自此打破。战后各国之间的重大交涉将采取"公裁"或"仲裁"的方式，各国将放弃以增兵而弭兵的政策，共同相约削减军费，和平主义的主张将占舆论优势。

胡适具体的外交主张，则经历了由"不抵抗主义"到安吉尔式"新和平主义"的转变。老子的"水利万物而不争"、耶稣的"毋抱怨"，都影响了胡适。他称赞"不抵抗主义"，并以比利时的中立作为不抵抗哲学的例证。然而，消极的不抵抗并不一定能带来安定，所以，他接受了安吉尔的"新和平主义"。"新和平主义"相信思想乃制度之母，国际和平有赖国际组织的遏止，即相信国际间的集体力量，以国际组织的形式，通过国际公法的制裁力，来防止与遏制战争。显然，新和平主义不只是消极的不抵抗，它更富有建设性。

在一次以国际和平为主题关系的征文比赛中，胡适提交了一篇《在国际关系中，还有什么东西可以代替力量吗?》的论文。他明确地提出了自己的观点，即寻找一种不引起使用暴力的国际政策是无用的，关键在于"把现在孤立、冲突的国家潜能转换成某种有组织的形式——转换成在规定好彼此义务与权利程序下的某种形式的国际协会"。这篇文章得了头奖，奖金一百美金，文章也被翻译为几种语言出版了。

胡适明确反对国际间的军备竞赛，视之为以火制火、以暴制暴。1914 年底，胡适在美国《共和》杂志上读到一篇谈论充足的国防的文章。他意识到，扩充军备，并非维护国家安全的根本之计，根本之计在于增进国际间的人道主义精神。他也反对中国参与扩充军备，并认为即使中国投入到军备竞赛之中，数十年间，也未必能在军备上与列强争锋，列强也不会坐视中国扩充其军事力量。

二、国际的中国

正因对世界大同、和平主义抱着乐观的信仰，胡适也对中国融入世界一体化的进程抱有相当乐观的看法。他希望中国加大对外开放的力度，希望一个繁荣的"国际的中国"尽早诞生。基于此，胡适对当时中国所处的国际政治环境，与主流舆论的看法截然不同。

帝国主义问题

1922 年 9 月，胡适在《努力周报》第 22 期发表《国际的中国》，反对把反帝视为时代的中心任务，主要针对的是中国共产党的二大宣言。

中共二大宣言分析了国际帝国主义宰割之下的中国政治经济现状，提出了中国共产党人的当前任务及奋斗目标。宣言强调，在中国被侵略的80年当中，中国事实上已变成帝国主义列强共同的殖民地，中国人民"倒悬于他们欲壑无底的巨吻中间"。一战以来，日、美两帝国主义在中国的争夺冲突加剧。必须打倒军阀和国际帝国主义的压迫，才能建立真正的统一民族国家，达到国内和平。

胡适将中共二大宣言对国际国内形势的观察看成是"很像乡下人谈海外奇闻""瞎说的国际形势论"。

中共二大宣言认为，华盛顿会议给中国造成一种新局面，即各帝国主义者的互竞侵略，变为协同的侵略。这种协同的侵略，将要完全剥夺中国人民的经济独立，使中国人变成新式主人国际托拉斯的奴隶。而胡适的判断则是，华盛顿会议的确不是为替中国申冤而召集的，但中国的国民外交和美国的舆论使会议变成"援助中国解决一部分中日问题的机会"。会议的结果虽未必能完全满足我们的希望，但应承认它取得了一定效果。

中国共产党人认为，最近世界政治正发生两个正相反的趋势，一是世界资本帝国主义的列强企图协同宰割全世界的无产阶级和被压迫民族；一是国际共产党和苏俄领导的世界革命运动和各被压迫民族的民族革命运动。中国人民应加入后一运动中。而胡适则认为，华盛顿会议后，中国的民族危机已经减弱，已没有很大的国际侵略的危险，"我们现在尽可以不必去做那怕国际侵略的噩梦。最要紧的是同心协力的把自己的国家弄上政治的轨道上去。"其次，外国投资者同样希望中国和平与统一，外国投资会带来双方的受益，毋庸顾虑帝国主义的经济侵略。

中国共产党人与胡适对中国局势的估计也不一样。

中国共产党人对于时局的分析，主要强调军阀战争之间，有帝国主义的支持。英、美帝国主义站在吴佩孚的后面，日本帝国主义站在张作霖的后面。而现在美、日合作，共同利用吴、张、安福系、交通系等等："以免日、美互相掣肘而造成一个可以共同利用的中国傀儡政府。"而胡适认为，列强对中国的内争，持中立的态度。至于美国与日本携手联合曹、张、安福系、交通系，"我们稍知道美国的历史和国情的，可以断定美国绝不会有这种奇怪的政策"。

胡适的文章还回应了共产党人机关刊物《向导》创刊号上的一篇《本报宣言》。这份宣言提出共产党人的两个目标：一是民主主义的革命，一是反抗帝国主义的侵略。

胡适赞成第一项民主革命的任务，却反对第二项反帝斗争的任务。他强调内因的决定性作用，认为中国没有面临直接的外来民族危机。这是《国际的中国》的基本观点，也基本是胡适的一贯态度。

胡适否认帝国主义应对中国的动乱负责，那么，中国的症结何在呢？胡适的结论是"五鬼乱中华"。

五鬼乱中华

中国问题的症结何在？现代中国的出路何在？这是20世纪以来中国知识分子面临的重要问题。

主持《新月》杂志时期，胡适曾发表《我们走那条路》，提出"我们要建立一个治安的、普遍繁荣的、文明的、现代的统一国家",为此必须打倒五个大仇敌:第一大仇敌是贫穷。第二大仇敌是疾病。第三大仇敌是愚昧。第四大仇敌是贪污。第五大仇敌是扰乱。而根本的态度和方法,不是懒惰的自然演进,也不是盲目的暴力革命,也不是盲目的口号标语式的革命,而应只是用自觉的努力作不断的改革。

胡适的"五鬼乱中华"说,与国人经历了国共合作的革命宣传,认识到反帝反军阀的革命任务的说法,大相径庭。

梁漱溟在《村治》第 2 号上发表文章,"敬以请教胡适之先生",称胡适"轻率大胆,真堪惊诧"。梁忍不住反问他:"在三数年来的革命潮流中,大家所认为第一大仇敌是国际的资本帝国主义,其次是国内的封建军阀;先生无取于是,而别提出贫穷,疾病,愚昧,贪污,扰乱,五大仇敌之说。帝国主义者和军阀,何以不是我们的敌人?"梁漱溟认为,疾病、愚昧皆与贫穷为缘,贫穷则直接出于帝国主义的经济侵略;贪污与扰乱有关;扰乱间接由帝国主义之操纵军阀而来,因此帝国主义实为症结所在。

为什么帝国主义不是我们的敌人?胡适的答案是:"'贫穷则直接由于帝国主义的经济侵略',则难道八十年前的中国果真不贫穷吗?如说,'扰乱则间接由于帝国主义操纵军阀',试问张献忠、洪秀全又是受了何国的操纵?今日冯、阎、蒋之战又是受了何国的操纵?"在他眼中,"帝国主义者三叩日本之关门,而日本在六十年之中便一跃而为世界三大强国之一。何以我堂堂神州民族便一蹶不振如此?此中'症结'究竟在什么地方?岂是把全副责任都推在洋鬼子身上便可了事"?

在国共革命宣传的强势话语中，连三岁孩童都知道帝国主义了，连梁漱溟这样的自由知识分子对于反帝的说法也是毫无怀疑，但胡适仍然坚持不将帝国主义列为中国的头号大敌。

显然，胡适并不否认有帝国主义现象的存在，但他拒绝以"帝国主义"解释中国的落后混乱，反对以开展反帝运动作为时代的中心任务，这是有若干基本原因的：其一，他认为内因重于外因，中国的问题主要在内部；其二，他认为不能用"打倒帝国主义"的口号来拒绝西方文明，煽动排外运动；其三，他晚年多次提到，"反帝国主义"是苏俄用来抵制其他列强影响的宣传策略。

三、中日关系冷思考

近代以来，中日关系成为中国外交关系中的焦点问题。中日两个近邻之间，存在着剪不断、理还乱的关系。早在留学时期，胡适就开始关注中日问题。

反对"爱国癫"

胡适曾在日记中这样分析中日关系："中国之大患在于日本。日本数胜而骄，又贪中国之土地利权。日本知我内情最熟，知我无力与抗。日本欲乘此欧洲大战之时收渔人之利。日本欲行门罗主义于亚东。"胡适的这段感想，恰恰是在日本提出灭亡中国的"二十一条"前后。

当时，美国报纸刊登了一个名义为"中国朋友"的来信，宣传所谓解决远东问题之关键，在于日本对中国事务之管理是否负责、有效；中国不具备自我发展的能力，是一个不合格的共和国。胡适愤怒之余，给美国媒体写信，表达抗议，他引用威尔逊总统的话说，"各国人民皆有权利决定自己治国之形式，也唯有各国自己才有权利决定自救之方式"。在中国搞日本统治或管理的企图，都会播种骚乱和流血的种子。"无论是谁，如果他想要鼓吹以日本对中国的管理权或保护权来求得'维持东方局势之稳定'，那么，他定将看到年轻而英勇的热血流遍我华夏之共和国！"胡适强调，远东问题之最终解决，乃在于中日双方的相互理解、相互合作。但这种理解与合作并不是由一次次的武装征服所带来的。

而当日本提出意欲灭亡中国的"二十一条"时，海外留学生群情激奋，有激越者主张向日本开战。胡适在此国势危难之际的反应与众不同，坚持他的"镇静主义"。他致书朋友说："今日大患，在于学子不肯深思远虑，平日一无所预备。及外患之来，始惊扰无措，或发急电，或作长函，或痛哭而陈词，或慷慨而自杀，徒乱心绪，何补实际？至于责人无已，尤非忠恕之道。吾辈远去祖国，爱莫能助，当以镇静处之，庶不失大国国民风度耳。"

1915年3月19日，胡适夜不能寐，起而奋笔书成《致留学界公函》，一直写到凌晨两点半。他把那些"非战即死""决一死战"的言论视为"神经紧张，理智失常"的"爱国癫"，将"慷慨激昂之爱国呼号，危言耸听之条陈"，视为无助于国的肤浅的"纸上谈兵"。他袒露心迹：

> 余以为，此刻言及对日作战，简直是发疯。我何以作战？主笔先生说，我有一百万敢决一死战之雄

狮。且让大家来看一下事实：我仅有十二万士兵谈得上是"训练有素"的，然其装备甚为简陋。而且，我海军毫无战斗力：军中最大之战舰乃一三等巡洋舰，其排水吨位仅为四千三百吨。另外，军火又如何呢？我何以作战？

余赤诚以报祖国，此时言及作战，纯系一派胡言，愚不可及。其后果，不仅于国无所改观，而且所得之是任人蹂躏！任人蹂躏！再任人蹂躏！

《致留学界公函》登出后，胡适立即成为舆论所指的对象，"木石心肠，不爱国"还只是普通的批评，还有讥讽他"东亚大帝国之侯封可羡"。即使面临这些谴责，胡适还是在日记中勉励自己"不苟同于流俗，不随波逐流，不人云亦云。非吾心所谓是，虽斧斤在颈，不谓之是。行吾心所安，虽举世非之而不顾"。显然，胡适是爱国的，只是他爱国的方式与他人有别，他对中日关系的看法也与众不同，而这特立独行的姿态，一直保持于他对日外交的主张当中。

高、低调变奏

中日之间短暂的和平，终因九一八事变的炮火而打破。

最初，胡适寄托希望于通过与日方的"和平"交涉，取消伪满洲国，恢复中国领土及行政主权完整。中国则需要付出放弃东三省驻军权的牺牲。他幻想通过这样的妥协，取得一时的和平。10月，当国联调查团的报告书发表后，胡适称赞其为"代表世界公论的报告"，想希望借助国联的调和来解决中日争端。胡适的温和态度，曾受到一些激烈的批评。

当日本准备承认伪满洲国，国联的作用不可期待的时候，胡适强调中国要做五年、十年的自救计划，在军事、政治、外交、教育诸方面，作"长期拼命"的准备。另一方面，他又寄托希望于国际间道德力量的制裁，来打破当时不战不和、不死不活的僵局。但是，国联不承认伪满洲国，日本退出国联，并进攻热河。

1933 年，长城抗战爆发时，在主战与主和的意见中，胡适曾站在主和的一边。当时，《大公报》发表了一篇《就利用"无组织"和"非现代"来与日本一拼》的文章，作者主张"不妨利用百姓的弱点，使军阀惯用的手段，去榨他们的钱，拉他们的夫"，用无组织的农民与非现代的武器去与日本拼命。对于知识界这种论调，胡适十分痛心，非常愤慨，表示"如果这叫做'作战'，我情愿亡国，决不愿学着这种壮语主张作战"。也有《独立评论》的读者，希望独立评论社的朋友联合发表主战的宣言，胡适表示："我不能昧着我的良心出来主张作战……我自己的理智与训练都不许我主张作战。我极端敬仰那些为祖国冒死拼命作战的英雄，但我的良心不许我用我的笔锋来责备人人都得用他的血和肉去和那最惨酷残忍的现代武器拼命。"在胡适看来，中国陆军训练、装备均差，海、空军基本等于没有，也没有足以支持战争的国防工业。这样的时候是不适合言战的。

而当日军侵占热河，大举进攻关内，直逼长城以南，平津华北形势十分危急时，国民党政府束手无策，只好谈判乞和。胡适作《保全华北的重要》一文，继续唱低调，主张暂谋局部的华北停战以"保全华北"，认为中国此时无解决的能力，也无解决的办法，应该可以谅解停战作为一种不得已的救急办法。胡适的态度，一度使他的朋友傅斯年怒不可遏，写信抗议，并声言要退出独立评论社。

从七七事变到八一三抗战，胡适和高宗武等人认为还可以做最后的外交努力，争取和平。当然，他事后承认，"这一个月的打仗，证明了我们当日未免过虑。这一个月的作战至少对外表示我们能打，对内表示我们肯打，这就是大收获"。

因胡适不主张坚决抗日，难免受到激进青年的谴责。为此，周作人曾专门写信给胡适，劝他不谈或少管国家、学生之类的事情，不如专门讲学论学。对此，胡适表示说，"多事总比少事好，有为总比无为好"，"收获不必在我，而耕种应该是我们的责任"。显然，他不愿意放弃作为知识精英所当尽力的言责，尽管他的观点不合时宜。

胡适虽然不是主战派，但与汪精卫那样的亲日派不同。亲日派往往希望的是以降日换取苟安，胡适则主张走亲英美的国际路线。胡适也曾经说："当举国唱高调之时，我不怕唱低调；今日举国好像要唱低调了，我不敢不唱一点高调。"因此，在对日外交问题上，胡适坚持的似乎是高、低调的变奏。

胡适的"高调"在对外、对内方面都有体现。

胡适的不少言论是针对日本国民而发的。胡适曾在1933年3月19日《独立评论》第42号发表《日本人应该醒醒了》一文，催促日本放弃武力征服中国的野心，"即使到了最后的一日，中国的'十八九世纪之军队'真个全被日本的新式武器摧毁到不复能成军了，即使中国的政府被逼到无可奈何的时候真个接受了一个耻辱的城下之盟了——我们可以断言：那也只是中国人的血与肉的暂时屈服，那也决不能够减低一丝一毫中国人排日仇日的心理，也绝不会使中日两国的关系有一分一寸的改善!"

中日关系紧张时的一个奇怪现象是，一方面日本外交部门讲"中日提携""调整中日关系"，一方面日本军方势力毫无节制地以暴力相加。1936年4月12日，胡适在《大公报》上发表《调整中日关系的先决条件——告日本国民》，主要就是针对日本所谓"调整中日关系"的论调的。针对那种认为中国人民仇日心理、排日行动导致中日关系紧张的说法，胡适认为，是日本对中国无限制的侵略和不可容忍的优越感造成的中国人仇恨日本的局势。这个仇恨的心理一日不解除，中日关系就不可能调整，更谈不到合作与亲善。

在对内的态度上，胡适也有其底线。

热河危急时，胡适与丁文江等致电蒋介石，要求不能不战而退。"抗日战死将士公墓碑"是为1933年5月怀柔抗战中牺牲的将士而立的。这一场"最壮烈的血战"深深地感动了胡适，他撰写的碑文称赞一千多个中国健儿用鲜血洗去那天签订《塘沽协定》的"城下之盟"的耻辱，他告诫国人：

这里长眠的是203个中国好男子!

他们把他们的生命献给了他们的祖国。

我们和我们的子孙来这里凭吊敬礼的，

要想想我们应该用什么报答他们的血。

胡适不主张公开应战，但对热河的不抵抗是反对的，对于长城抗战的烈士是敬仰的。他反对的是知识分子坐在书斋中，反而动员农民、士兵用大刀、锄头去与日本人拼命。

1935 年，日本策动所谓的华北五省的自治运动，国民党政府不得已成立冀察政务委员会。胡适在《华北问题》中明确表示，当前的所谓华北自治运动完全与华北人民没有关系。在这个全国统一的时候，若有任何破坏统一的事变出现，主持的人必定成为全国人痛恨的对象，必定成为永远不能洗刷的大罪人。在华北冀察政务委员会在日本的胁迫下表现出动摇时，1936 年 6 月，胡适发表《敬告宋哲元先生》，严厉警告："在今日是汉奸，在中华民族史上永远是国贼"，"一切脱离国家立场的人，决难逃千万年的遗臭！"

正因为胡适时而高调，时而低调，称赞他的人认为他的文章"可与千架飞机、百艘军舰争勇武"，批判者则指称胡适是"民众的敌，国家的敌"。而胡适的所有言论，则不过是他特立独行的一贯姿态的显示。

四、胡适的美国观

美国经验与人生观、价值观

胡适本人的个性是属于少年老成型的。而留学美国数年，他的个性变得乐观积极。在他看来，这是美国人出自天真的乐观与朝气对他的熏染，"在这个地方，似乎无一事一物不能由人类智力做得成的。我不能避免这种对于人生持有喜气的眼光的传染，数年之间，就逐渐治疗了我少年老成的态度。"凡事存乐观之念，生命所在，希望存焉，或者说，希望所在，生命存焉，这是美国生活对胡适人生态度的最大影响。

留学期间，胡适一度信仰了基督教。1911 年至 1912 年前后，他参加了不少圣经课，宗教布道，以及阅读宗教书。康奈尔大学附近的不少基督教家庭均接待中国留学生，中国留学生借此走入美国人的家庭生活，也了解到宗教因素在他们家庭生活中的重要性。

胡适最初被感化，是因宗教的道德力量，以及对新文明的好奇心理。但他很快对于圣餐、弥撒等宗教礼仪抱以怀疑的态度，无神论倾向开始在他心中占据上风。他开始认为耶稣之死，并不比苏格拉底之死更伟大。随着更多的学术活动占据他的时间、精力，他去教堂的时间越来越少，最终成为无神论者。

不过，胡适也并不否认基督教本身。他反对原罪、赎罪等神学教条，提出对上帝究竟有没有、灵魂究竟有没有的怀疑精神，但对基督教所倡导的宽恕、友爱、牺牲、服务的精神是肯定的。显然，在理性与宗教之间，他皈依了理性。而他的理性立场，固然使他不可能成为虔敬的宗教信徒，但也认同宗教自由原则，认同宗教中蕴涵的某些普世价值。

观察美国政治生活也影响了胡适的政治观念，对政治产生了"不感兴趣的兴趣"。他目睹了1912年、1916年两次美国总统大选，他利用暑期去华盛顿参众院旁听，在留学生中组织政治研究会等；他目睹自己的老师们因自己所支持的政党及候选人而辩论，看到杜威夫妇参加美国妇女争取选举权的游行，深对美国式的民主政治感兴趣。胡适师从奥斯教授学习"政党论"一课，"从不用书本子；那年正当1912年的大选年，他教我们每人每天看三个大党的三种代表报纸，每周做报告；并且每人必须参加各党的竞选演说会场；此外，我们每人必须搜集四十八邦的'选举舞弊法'，作比较的分析。我受了他的两年训练，至今看不起那些从教科书里学政治的人们。"

胡适的民主思想形成于留学时代。到美国不久，胡适读到了北美13州的独立宣言及林肯总统的葛底斯堡演说，称之为"千古之至文"。他还同朋友一起讨论林肯演说中的经典名言"The government of the people, by the people, for the people"的翻译问题。胡适曾有"此吾民所自有，所自操，所自为之政府""此主于民，出于民，而又为民之政府"两句翻译。

人类政治文明进步的一个标志，是将政治冲突在战场上解决，转而在会场上解决。"会场"政治与"战场"政治是人类政治活动文明与野蛮的分界线，所以胡适非常重视开会的方式。胡适曾两次旁听绮色佳城的公民议会，对美国式的民主有细致的观察。他注意到，与会者都是一些普通人，杂货店商人、洗衣店店主，等等。讨论的话题都是与当地居民切身利益相关的话题，如城市扩展后的征税问题，救火会、市内电车公司、铁道公司加筑路线，等等。人们通过辩论、投票议决事项。这种观察，胡适看成是"觇国者不可不到"的机会。胡适曾担任美东校际组织"世界学生会"康奈尔大学分会的负责人。1913年10月8日，胡适第一次担任主席主持会议，这种经历，"胜读议院法三月矣"。

胡适晚年，谈到国民党方面组织所谓的"反共救国会议"的计划时表示，不管是几千人的会议，还是七八百人的会议都无必要。他重点谈了美国历史上的一场重要会议，这就是1787年的费城制宪会议。费城制宪会议之前，美国处于邦联的松散状态。四个月的会议期间，13邦的代表始终没有到齐。人们关起门来秘密开会，相关会议记录50年后才公开。因为，制宪会议是解决问题，不是鼓动民众发牢骚，博取喝彩；会议也要避免意见打上个人的烙印，要形成大公无私的"公意"，求得全国接受的方案。显然，胡适认识到，中国没有经历费城会议那样的制宪过程，因此其政治合法性问题、建国问题，一直没有理想地解决。

胡适最佩服的政治家则是威尔逊。威尔逊在担任总统之前，曾任大学校长，从事了长达二十余年的政治学研究。胡适在1916年11月的一篇日记中表示希望威尔逊连任："此次美国总统选举，我自始至终望威尔逊连任，以其为美国开国以来第一流总统之一也。"胡适多次在日记中摘录威尔逊的演说词，并称赞他为"今日不可多得之理想家"，说他之所以成为伟人，即在其政治上的理想主义，"其所持政治思想，可讲为西方文明最高之产儿"。同时，胡适又信服威尔逊的和平主义，以及在国际国内问题上的统一道德标准，认为"其人欲以道德为内政，以道德为外交，吾所谓'一致'者是也"。至于威尔逊所主张的外交政策常常失败，胡适也认为其秉持的原则是正确的，他肯定地说："威氏之外交政策，自表现观之，似着着失败；然以吾所见，则威氏之政策实于世界外交史上开一新纪元。"

美国社会文化的仰慕者

通常，人们将欧美文化看成一个整体，而胡适长期生活在美国，对于美国文化的特殊性有其独特的观察与体验。

胡适进行中西文明比较的时候，在很大程度上是进行中美

141

文明的比较。针对人们关于美国有文明无文化、有物质文明而无精神文明的说法，胡适反复强调，中西文明的差异是时代性的。中国是人力车文明，美国是摩托车文明。一种是用人做牛马的文明，一种是用智慧造机械减少人类苦痛的文明。美国的摩托车文明锻炼了人的身心。显然，胡适是将以美国为代表的西方文明的价值与制度看成普世性的，是人类文明的发展方向。

跟欧洲相比，美国有着更丰富的资源，也充满着更多的活力。而胡适敏锐地观察到了，美国没有欧洲那样较为强烈的贫富分化与阶级对立，并且实现了和平的社会革命。

针对那种认为美国早晚会爆发社会革命的看法，胡适认为，美国是不会有社会革命的，因为美国天天在社会革命之中，"这种革命是渐进的，天天有进步，故天天是革命"。美国资本在集中，所有权却分散于民众，人人都可以做有产阶级，故阶级斗争的煽动不会发生效力。一次，胡适参加双周讨论会。一个劳工代表称赞这是人类有史以来最伟大的时代，他回应说："这才是真正的社会革命，社会革命的目的就是要做到向来被压迫的社会分子能站在大庭广众之中歌颂他的时代为人类有史以来最好的时代。"

一位日本学者到过欧洲后，认为世界只会有纯粹的社会主义与纯粹的资本主义，没有第三条道路可走。胡适建议他去美国，那日本学者回答："美国我不敢去，我怕到了美国会把我的学说完全推翻了。"而信奉实用主义的胡适，是不怕任何学说被推翻的。因为他将所有的学说都看成是待验证的假设，而"世间的大问题绝不是一两个抽象名词（如'资本主义''共产主义'等等）所能完全包括的。最要紧的是事实"，在他眼里，"拿一个'赤'字抹杀新运动，那是张作霖、吴佩孚的把戏。然而拿一个'资本主义'来抹杀一切现代国家，这种眼光究竟比张作霖、吴佩孚高明多少？"

胡适晚年的演讲中，也常称赞美国社会及其民主制度。他称自己在美国共住了20年，对美国社会有比较真切的感受。美国建立了自由民主制度，以大量生产建立了工业化的自由平等经济制度，同时以社会立法提高人民生活，美国所得税的普及，消除了美国的贫富悬殊，美国也没有阶级的界限。因此美国用不着革命，也不会有革命，而能够革新进步。他称道美国民主制度，人民有控制政府的权力，政府权力转移靠人民自由意志投票表决。宪法要保障人民的基本自由权利，人民的基本自由是无条件的。

美国对华政策批评

抗战时期，胡适在美国各地作巡回演讲，宣传抗战，婉转批评美国的孤立主义政策，期望美国成为国际和平与正义的积极领导者，带头阻止战争，遏制侵略，促成集体安全。

在太平洋战争爆发前，受国内孤立主义情绪影响，美国政府对华援助的态度并不十分积极。胡适在担任驻美大使期间，争取美国的经济和军事援助，如争取美国借款、购买美国军械和争取美国军事援助、推动美国停止中立法、促进美国对日实施经济制裁及废除《美日商约》、阻止美日之间的妥协，等等方面，都做了相当的努力。

1937年9月，胡适在旧金山向全美广播"目前危机中中国对美国的期待"。胡适指出，中国无意将爱好和平的美国卷入战争，但仅仅爱好和平并不能阻止战争。第一次世界大战当中，侵略者的愚蠢曾使美国不得不卷入战争，今日的侵略者依旧表现出同样的愚昧行为，美国最后可能再次被迫走上以战止战的道路。胡适在美国的数百次演讲中，宣传中国的抗战成绩和抗战战略，揭露日军侵华暴行及其法西斯本质，争取美国公众对中国抗战的理解。

不过，当国民党溃败，胡适二度来美时，他对美国对华政策的影响，则大大打了折扣。他对美国对华政策，也给予了激烈的批评。这尤其体现在他对美国对华白皮书的态度上。

美国政府支持国民党政权，是很明确的。从 1945 年到 1948 年，美国帮助国民党武装了几十个师。不料短短三四年时间，国民党竟退败台湾，这一失败震惊了美国国内。美国右翼势力掀起反共浪潮，并向美国政府提出质询。为此，美国政府于 1949 年 8 月 5 日发表了《美国与中国的关系》白皮书，为美国对华政策作辩护。白皮书称中国内战的恶果非美国政府所能左右，国民党的失败不在于美国做了什么或者没有做什么，国民党失败原因在蒋政权太腐化，"其领袖不能应变，其军队丧失斗志，其政权不为人民所支持"。《纽约时报》评论说，白皮书透露出的信息是，中国并不是被某个阴谋集团出卖的，而是国民党自己倒下去的。

白皮书的发表，对胡适是一个沉重的打击。他有五个月没有去华盛顿。他在给司徒雷登回忆录作序的时候说："因为在雅尔达出卖了中国，因为在紧要关头的时候停止了对华的有效援助，而且最主要的，因为自己是有大的权力和无人可与抗争的世界领导地位,所以倒下来的中国流着血的时候,美国可以说'罪不在我'。"

胡适表示,为了赎罪,美国应该发扬其"不承认主义"的"历史性的伟大传统",继续拒绝承认中共政权,继续反对这一政权在联合国的席位。

朝鲜战争爆发时,胡适颇为高兴,将美国出兵视为东亚命运的转机,这也将是"自由世界""自由中国"的难得转机,希望朝战能够迫使西方"自由世界"援助台湾恢复中国大陆"拯救"大陆同胞。1958年,解放军炮击金门时,胡适也对美国"适时而大量的军事援助"表达了感激之情。显然,胡适把台湾的前途与命运,寄托在了美国的援助之上。

五、胡适的苏俄观

俄国革命,是20世纪人类历史上一次最重大的革命,俄国人的道路,也深深地影响了20世纪中国人的选择。胡适对俄罗斯文明的看法,也经历了复杂的演变。

胡适最初从自由、民主的角度理解二月革命,热情讴歌。1926年他游历了俄国后,从实验主义的角度理解了他们的政治试验,并从中理解其创新性。雅尔塔协议以后,胡适加入了反苏言论中。胡适晚年,直接将苏联模式与极权主义联系了起来。

新俄万岁

在留学美国攻读博士学位期间,俄国二月革命的消息传来。沙皇退位，学生、起义士兵众志成城，爱自由的革命者因大赦获释，胡适兴奋不已，不由得写下一首"沁园春"。上阕、下阕填完，差不多花了他近一个月的时间。

　　客子何思？冻雪层冰，北国名都。看乌衣蓝帽，轩昂少年，指挥杀贼，万众欢呼。去独夫"沙"，张自由帜，此意如今果不虚。论代价，有百年文字，多少头颅。

　　冰天十万囚徒，一万里飞来大赦书。本为自由来，今同他去；与民贼战，毕竟谁输！拍手高歌，"新俄万岁"！狂态君休笑老胡。从今后，看这般快事，后起谁欤？

"从今后，看这般快事，后起谁欤"？俄国革命继续深化，欧洲随后卷入革命风暴之中。胡适确实也不乏预见能力。

但是，十月革命后，胡适在"问题与主义"之争中，没有表现出同样的兴奋。1925 年，徐志摩主持《晨报》副刊，讨论"赤白仇友"问题，不少朋友希望胡适表态，加入"反赤化"的讨论。胡适迟疑甚久，始终没有加入反"赤化"的阵营中，因为在他看来，"我的实验主义不容我否认这种政治试验的正当，更不容我以耳代目，附和传统的见解与狭隘的成见"。

胡适是听了李大钊的建议，于 1926 年 7 月取道莫斯科参加中英庚款委员会会议而踏上俄国的土地的。他在莫斯科参观了革命博物馆、监狱等处，极感满意，不由得发出了"我们这个醉生梦死的民族怎么配批评苏俄"的感叹。作为一名实验主义的信徒，胡适称赞苏俄所做的是"一个空前的伟大政治的新试验"，苏俄领袖是有理想与理想主义的政治家，"他们有理想、

146

有计划、有绝对的信心，只此三项已足使我们愧死"。

在给朋友的信中，胡适充分肯定了俄国人的政治试验。"在世界政治史上，从不曾有过这样大规模的'乌托邦'计划居然有实地试验的机会……我们的朋友们，尤其是研究政治思想与制度的朋友们，至少应该承认苏俄有作这种政治试验的权利。我们应该承认这种试验正与我们试作白话诗……有同样的正当。这是最低限度的实验主义的态度"。

胡适称赞苏俄的教育政策，采取世界最新的教育学说，作大规模的实验，除"主义教育"的一面外，还有生活教育、职业教育。

至于苏俄的"专政"，胡适接受了美国学者的看法，狄克推多（独裁制）总是趋向愚民政策，而苏俄的狄克推多制下，却用力办教育，努力造就新时代，因此"依此趋势认真做去，将来可以由狄克推多过渡到社会主义的民治制度"。

胡适对自己不能久住俄国仔细调查感到遗憾，他打算组织调查团，去苏俄作认真的实地考察。

当朋友们得知胡适的思想变化而纷纷写信同他辩论时，他的热情便冷却了下来。有的朋友劝胡适说，应该平心静气研究其得失，看其是否成为中国的对症之良药。当时的苏俄正处于社会主义的探索阶段，朋友的这种分析，胡适是听得进去的。

在二十世纪二三十年代，胡适并不认为中国应该以俄为师，但对苏俄也没有太大的恶感。在他看来，苏俄是"狄克推多"制，列宁等人都是很有学问经验的人，能搞独裁制；而如果中国也搞"狄克推多"，就如"唐明宗每夜焚香告天，愿天早生圣人，以安中国"。而且，狄克推多制下只有顺逆没有是非，这种制度之下没有独立思想的人的生活余地。

胡适在 1934 年的《独立评论》上曾发表《写在孔子诞辰纪念之后》一文，在文章中，胡适这样肯定了历史上的各种革命者，包括"那些为民十三以来的共产革命而死的无数青年"，"这无数的革命青年慷慨献身去工作的是全民族的解放，整个国家的自由平等，或他们所梦想的全人类社会的自由平等"。

冷战思维下的苏俄观

抗战胜利后，胡适在一系列公开言论中，严厉批评俄国革命及苏联外交政策。

在《眼前世界文化的趋向》一文中，胡适批判了俄国大革命："俄国大革命，在经济方面要争取劳农大众的利益，那是我们同情的，可是阶级斗争的方法，造成了一种不容忍、反自由的政治制度，我们认为那是历史上的一件大不幸的事。这种反自由不民主的政治制度站不住，所以必须依靠暴力强力来维持他，结果是三十年很残忍的压迫与消灭反对党，终于从一党的专制，走向一个人的专制。三十年的苦斗，人民所得到的经济利益，还远不如民主国家从自由企业与社会立法得来的经济利益那么多。"

在《我们必须选择我们的方向》当中，胡适将苏联划入"反自由、反民主、不容忍的专制集团"当中。"这个专制集团至今还不敢相信他自家的人民，还得用很冷酷的暴力压制大多数的人民"，"这个集团至今还不敢和世界上别的国家自由交通，还不敢容许外人到他国里去自由观察游历，也还不敢容许他自己的人民自由出国或和外国人往来"，"这个集团拥有全世界最广大的整片疆域和最丰富的原料矿藏，然而他至今还在他的四周围扩充他的'屏藩'，树立他的'卫星'，同时他至今还不放弃世界革命的传统政策，还迷信只有在世界纷乱里可以得着他自己安全的保障"。

同时，胡适将俄国人的道路视为"小小的逆流""小小的反动"，并发生了倒退、衰落："马克斯（原文如此）不够用了，列宁也不够取法了，于是彼得大帝被抬出作为民族英雄了，甚至于'可怕的伊凡'也被御用的史家与电影作家歌颂作民族英雄了！""这个专制集团，在他三十年前革命理想最高潮的时期，也曾宣告放弃帝俄时代用暴力取得的一切外国权益。现在呢！他在中国东北的行为，他在大连、旅顺的行为，处处是回到帝俄时代的侵略政策，这是崇拜彼得，崇拜伊凡的反动心理的当然结果。"

胡适分析俄国革命的蜕变，一方面与苏联社会主义试验当中的重大失误不无干系，另方面也由他的自由主义立场使然。

胡适还和著名的国际法专家周鲠生讨论了苏联问题。

1948 年初，周鲠生发表《历史要重演吗?》一文，讨论国际形势，谴责西方国家对德国、日本政策的改变。当时西方国家出于意识形态立场，开始从严制裁德、日，防制德、日复兴的立场，转向扶持和利用两国以抵制苏联。周鲠生认为，西方民主国家的这种做法将重蹈一战之后对德政策的覆辙，并导致第三次世界大战的爆发。德、日如不严加制裁，很可能成为新的战争策源地。

胡适在给周鲠生的公开信中，反驳了周鲠生的观点，认为西方民主国家并没有放弃制裁德、日的政策，西方也不会扶持德、日来抵制苏联，防制德、日主要是防止武力侵略势力的复活，并不是不许德、日民族在世间过和平生活。信中，胡适着重谈了自己对苏俄印象的大转变。胡适认为，自己向来对苏俄怀着很大的热望，因为中苏之间有相当长的边界，曾经特别希望革命后的新俄国维持他所宣传的反对帝国主义、反对侵略主义的立场。因此，胡适不惜用"爱好和平到不恤任何代价"的观念，来解释苏俄最初二十多年的外交政策。胡适甚至在1941年的美国政治学会年会上表示："我梦想中苏两国的边界，能仿照美国与加拿大之间的边界的好榜样，不用一个士兵防守。"然而，自从雅尔塔秘密协定被披露以后，胡适对苏俄的观感发生了急剧的变化，"不能不抛弃我二十多年对'新俄'的梦想，不能不说苏俄会变成了一个很可怕的侵略势力"。

周鲠生则回应说，从历史教训看，德、日是本性难移的好战的侵略民族，而苏联虽然是当日世界上最可怕的势力，但不像德、日那样好战，民主国家可用政治的方法来解决苏联问题。而为了避免中苏之间的战争，不可在国内造成紧张的反苏空气。

两年后，胡适用英文写了一篇长文——《史达林策略下的中国》。以中国为例子，讨论斯大林征服世界的雄图——从试验阶段，修改阶段，经过许多成功和失败，一直到长期失败后而获得胜利的地步。他谈到苏俄蚕食东欧、亚洲的方法，即避免明显的暴力，处心积虑在中国建立红军，并在中国掀起反对"帝国主义"的战争，以及抗战胜利后共产党军队得到苏联帮助占据大陆国土的"事实"。胡适这篇文章，很为蒋介石政府所欣赏。

1952 年 11 月，胡适从美国返台后，多次就国际形势与中国前途发表演讲。他将"解放苏俄，解放苏俄的人民"视为最重要的保卫自由的全球性战略。在他看来，摧毁共产党的老巢，才是自由世界的真正胜利。他分析铁幕下的世界与铁幕外的自由世界。谈到共产国际征服世界的必需条件时，列举了一个强有力的共产党机构、增强苏俄力量领导推动世界革命、造成国际战争的形势，等等。这里，他再度将苏联看成是世界和平的威胁。

显然，作为一个具有世界主义情怀的学者，胡适的世界观不免受到战争的改变，不免受意识形态、冷战思维的影响。胡适生活的世界环境，不是大同主义的乌托邦，而是被意识形态对立、战争所困扰的世界。

胡适思想对后世的影响是多方面的。就文化层面而言，他所鼓吹的白话文运动塑造了现代中国人的言说方式，现代中国文学的本质性特征。就政治层面而言，胡适所代表的自由主义思潮在中国大陆被马克思主义所扬弃，却对当代台湾政治民主化的走向不无影响。

附 录

年 谱

1891 年　12 月，生于上海。

1893 年　随母赴台湾。

1895 年　回安徽绩溪上庄，入私塾。父胡传病逝。

1904 年　与江冬秀订婚，到上海入梅溪学堂。

1905 年　入澄衷学堂。

1906 年　入中国公学。

1908 年　入中国新公学，兼任英文教员。

1910 年　留学美国康奈尔大学。

1915 年　入哥伦比亚大学哲学系，师从杜威。

1917 年　在《新青年》上发表《文学改良刍议》。

1917 年至 1925 年　任教于北大。

1926 年至 1927 年　游历英国、法国、美国、日本诸国。

1928 年　创办《新月》月刊。

1932 年　创办《独立评论》。

1933 年　出任北京大学文学院院长。

1938 年　出任驻美国大使。

1942 年　9 月，辞大使职，从事学术研究。

1946 年　7 月，回北平，出任北大校长。

1949 年　4 月，赴美国。

1958 年 4 月，任台湾国立"中央研究院"院长。

1962 年 2 月 24 日，因心脏病去逝。

主要著作

1.《中国哲学史大纲》卷上，1919 年。

2.《尝试集》，1920 年。

3.《胡适文存·一集》，1921 年。

4.《胡适文存·二集》，1924 年。

5.《胡适文存·三集》，1930 年。

6.《胡适论学近著·第一集》，1935 年。后删为《胡适文存·四集》，
1953 年。

7.《戴东原的哲学》，1927 年。

8.《白话文学史·上卷》，1928 年。

9.《人权论集》，1930 年。

10.《中国中古思想史长编》，1930 年。

11. 校编《神会和尚遗集》，1930 年。

12.《中国中古思想史的提要》，1932 年。

13.《四十自述》，1933 年。

14.《藏晖室札记》，1939 年；1947 年由商务印书重排出版，改称《胡
适留学日记》。

15.《胡适的时论》，1948 年。

16.《水经注版本四十种展览目录》，1948 年。

17. 编《乾隆甲戌脂砚斋重评石头记》，1961 年。

参考书目

1. 曹伯言：《胡适日记全编》，安徽教育出版社，2001 年。

2. 胡颂平：《胡适之先生年谱长编初稿》，台北联经出版社，1984年。

3. 中国社科院民国史研究室：《胡适来往书信选》，中华书局，1979~1980年。

4. 欧阳哲生：《胡适文集》，北京大学出版社，1998年。

5. 胡适，唐德刚：《胡适口述自传》，传记文学出版社，1981年。

6. 耿云志：《胡适研究论稿》，四川人民出版社，1985年。

7. 耿云志：《胡适年谱》，中华书局，1986年。

8. 易竹贤：《胡适》，湖北人民出版社，1987年。

9. 罗志田：《再造文明的尝试：胡适传（1891—1929）》，中华书局，2006年。

10. 格里德：《胡适与中国的文艺复兴——中国革命中的自由主义（1917~1937）》，江苏人民出版社，1995年。

11. 余英时：《重寻胡适历程：胡适生平与思想再认识》，广西师范大学出版社，2004年。

12. 周明之：《胡适与近代中国知识分子的选择》，广西师范大学出版社，2005年。

13. 欧阳哲生：《自由主义之累：胡适思想之现代阐释》，江西教育出版社，2003年。